7 SEGREDOS PARA INVESTIR COMO Warren Buffett

VEJA TAMBÉM AS OBRAS DE MARY BUFFETT E DAVID CLARK

As Escolhas de Warren Buffett

Warren Buffett and the Art of Stock Arbitrage ["Warren Buffett e a Arte de Decisão por Ações" em tradução livre]

Faça Como Warren Buffett – Descubra os Princípios de Gestão do Maior Investidor do Mundo

Buffett e as Demonstrações Financeiras

O Tao de Warren Buffett

New Buffettology ["Nova Buffettologia", em tradução livre]

Buffettology Workbook ["Manual de Buffettologia" em tradução livre]

Buffettology ["Buffettologia", em tradução livre]

7 SEGREDOS PARA INVESTIR COMO Warren Buffett

UM GUIA SIMPLES PARA INICIANTES

Mary Buffett & Sean Seah

ALTA BOOKS
EDITORA
Rio de Janeiro, 2020

7 Segredos para Investir como Warren Buffett
Copyright © 2020 da Starlin Alta Editora e Consultoria Eireli. ISBN: 978-85-508-1524-4

Translated from original 7 Secrets to Investing Like Warren Buffett. Copyright © 2019 by Mary Buffett and Sean Seah. ISBN 978-1-9821-3033-6. This translation is published and sold by permission of Scribner, an Imprint of Simon & Schuster, Inc., the owner of all rights to publish and sell the same. PORTUGUESE language edition published by Starlin Alta Editora e Consultoria Eireli, Copyright © 2020 by Starlin Alta Editora e Consultoria Eireli.

Todos os direitos estão reservados e protegidos por Lei. Nenhuma parte deste livro, sem autorização prévia por escrito da editora, poderá ser reproduzida ou transmitida. A violação dos Direitos Autorais é crime estabelecido na Lei nº 9.610/98 e com punição de acordo com o artigo 184 do Código Penal.

A editora não se responsabiliza pelo conteúdo da obra, formulada exclusivamente pelo(s) autor(es).

Marcas Registradas: Todos os termos mencionados e reconhecidos como Marca Registrada e/ou Comercial são de responsabilidade de seus proprietários. A editora informa não estar associada a nenhum produto e/ou fornecedor apresentado no livro.

Impresso no Brasil — 1ª Edição, 2020 — Edição revisada conforme o Acordo Ortográfico da Língua Portuguesa de 2009.

Produção Editorial	**Produtor Editorial**	**Marketing Editorial**	**Editor de Aquisição**
Editora Alta Books	Illysabelle Trajano	Livia Carvalho	José Rugeri
	Juliana de Oliveira	marketing@altabooks.com.br	j.rugeri@altabooks.com.br
Gerência Editorial	Thiê Alves		
Anderson Vieira		**Coordenação de Eventos**	
	Assistente Editorial	Viviane Paiva	
Gerência Comercial	Ian Verçosa	comercial@altabooks.com.brw	
Daniele Fonseca			

Equipe Editorial	**Equipe Design**		
Maria de Lourdes Borges	Larissa Lima		
Raquel Porto	Paulo Gomes		
Rodrigo Dutra			
Thales Silva			

Tradução	**Revisão Gramatical**	**Capa**	**Diagramação**
Thalita Cruz	Carol Suiter	Larissa Lima	Luisa Maria Gomes
	Fernanda Lutfi		
Copidesque			
Carlos Bacci			

Publique seu livro com a Alta Books. Para mais informações envie um e-mail para autoria@altabooks.com.br

Obra disponível para venda corporativa e/ou personalizada. Para mais informações, fale com projetos@altabooks.com.br

Erratas e arquivos de apoio: No site da editora relatamos, com a devida correção, qualquer erro encontrado em nossos livros, bem como disponibilizamos arquivos de apoio se aplicáveis à obra em questão.
Acesse o site **www.altabooks.com.br** e procure pelo título do livro desejado para ter acesso às erratas, aos arquivos de apoio e/ou a outros conteúdos aplicáveis à obra.

Suporte Técnico: A obra é comercializada na forma em que está, sem direito a suporte técnico ou orientação pessoal/exclusiva ao leitor.

A editora não se responsabiliza pela manutenção, atualização e idioma dos sites referidos pelos autores nesta obra.

Ouvidoria: ouvidoria@altabooks.com.br

```
Dados Internacionais de Catalogação na Publicação (CIP) de acordo com ISBD

B929s    Buffett, Mary
            7 Segredos para Investir como Warren Buffett: Um Guia Simples para
         Iniciantes / Mary Buffett, Sean Seah ; traduzido por Thalita Cruz. - Rio de
         Janeiro : Alta Books, 2020.
            224 p. ; 17cm x 24cm.

            Inclui índice.
            ISBN: 978-85-508-1524-4

            1. Administração. 2. Investimentos. 3. Warren Buffett. I. Seah, Sean. II.
         Cruz, Thalita. III. Título.

2020-2319                                                       CDD 658.4012
                                                                CDU 65.011.4

               Elaborado por Vagner Rodolfo da Silva - CRB-8/9410
```

Rua Viúva Cláudio, 291 — Bairro Industrial do Jacaré
CEP: 20.970-031 — Rio de Janeiro (RJ)
Tels.: (21) 3278-8069 / 3278-8419
www.altabooks.com.br — altabooks@altabooks.com.br
www.facebook.com/altabooks — www.instagram.com/altabooks

Dedicado a todos os investidores e àqueles que desejam ser.

AGRADECIMENTOS

MARY BUFFETT

Agradecimentos sinceros aos meus filhos — Erica, Nicole e Sam — por seu constante amor e apoio; a Sean Weiming e toda a equipe da Buffett Online School; ao Success Resources Asia; ao meu editor, Roz Lippel; e à minha amiga e assistente, Jocelyn Skinner.

SEAN SEAH

Minha mais profunda gratidão aos meus amigos que me apoiaram nesta jornada; a Mary, minha mentora em investimentos e negócios; à minha família, que me dá alegria e força, e a meus pais que sempre me encaminham de volta a Deus.

Esta publicação contém opiniões e ideias de seus autores. Este livro não é uma recomendação de compra ou venda de títulos ou para investir em nenhuma das empresas aqui citadas. Os autores e o editor da obra não se comprometem com a prestação de serviços jurídicos, contábeis, de investimento ou qualquer outro tipo de serviços profissionais. As leis variam de um estado a outro e leis federais podem se aplicar em uma transação específica e, se o leitor precisar de assistência financeira especializada ou tipo de assistência ou aconselhamento jurídico, um profissional competente deverá ser consultado. Nem os autores, nem o editor são responsáveis por garantir a precisão das informações aqui contidas.

Os autores e editores especificamente rejeitam qualquer responsabilidade por prejuízos, perdas ou riscos, pessoal ou de outra natureza, que possam ocorrer como consequência, direta ou indiretamente, do uso e aplicação de qualquer conteúdo contido neste livro.

Sumário

INTRODUÇÃO: A Década Perdida ... 1

SEGREDO 1: O PODER DO HÁBITO

CAPÍTULO 1: O Poder do Hábito ... 9

CAPÍTULO 2: Preste Atenção em Seus Gastos ... 11

CAPÍTULO 3: Encontre um Trabalho que Você Ama ... 15

CAPÍTULO 4: Evitando Dívidas ... 21

CAPÍTULO 5: Gestão de Risco ... 25

CAPÍTULO 6: Cuidando de sua Saúde ... 31

CAPÍTULO 7: APRIMORAMENTO CONTÍNUO ... 33

SEGREDO 2: O PODER DO INVESTIMENTO EM VALOR

CAPÍTULO 8: O que é Investimento em Valor ... 39

CAPÍTULO 9: Origens do Investimento em Valor ... 41

Sumário

SEGREDO 3: GERANDO IDEIAS SOBRE AÇÕES

CAPÍTULO 10: Como Começar a Encontrar Investimentos em Ações? ... 45

CAPÍTULO 11: Círculo de Competência ... 49

CAPÍTULO 12: Sites financeiros ... 61

CAPÍTULO 13: Rastreando o Homem mais Rico ... 65

CAPÍTULO 14: AS MELHORES EMPRESAS ... 67

CAPÍTULO 15: CENTRO DE COMPRAS ... 69

CAPÍTULO 16: Melhores investidores em valor ... 73

SEGREDO 4: FOSSOS ECONÔMICOS

CAPÍTULO 17: O que é um Fosso Econômico? ... 81

CAPÍTULO 18: Branding ... 87

CAPÍTULO 19: Economia de Escala ... 91

CAPÍTULO 20: Barreiras Legais à Entrada ... 93

CAPÍTULO 21: Custos elevados de mudança ... 95

SEGREDO 5: LINGUAGEM DE NEGÓCIOS

CAPÍTULO 22: Demonstrações Financeiras Explicadas ... 101

CAPÍTULO 23: Balanço Patrimonial ... 105

CAPÍTULO 24: Demonstração de Resultados ... 119

CAPÍTULO 25: Demonstração de Fluxo de Caixa ... 131

Sumário

SEGREDO 6: VALUATION

CAPÍTULO 26: O que é "valuation"? — 147

CAPÍTULO 27: A Técnica Net-Net de Graham — 149

CAPÍTULO 28: Price-to-Book Value — 157

CAPÍTULO 29: Índice Preço/Lucro — 167

CAPÍTULO 30: Índice de Rendimento de Dividendos — 173

CAPÍTULO 31: Fórmula de Crescimento — 175

SEGREDO 7: GESTÃO DE PORTFÓLIO

CAPÍTULO 32: O que é gestão de portfólio? — 179

CAPÍTULO 33: Regras de Gestão de Portfólio — 181

CONCLUSÃO

CAPÍTULO 34: O Mindset do Investidor de Sucesso — 189

CAPÍTULO 35: Um Plano de Jogo para um Portfólio Multimilionário — 193

Epílogo — 199

Índice — 201

7 SEGREDOS PARA INVESTIR COMO WARREN BUFFETT

INTRODUÇÃO

A Década Perdida

Você não pode voltar atrás e fazer um novo começo, mas você pode começar agora e fazer um novo fim.

Dr. James R. Sherman

Quão diferente era sua vida há dez anos?

Houve algum evento há dez anos que mudou sua vida?

Para alguns, uma década pode parecer insignificante. Para outros, uma década pode ser decisiva. Mais de dez anos atrás, um homem jovem, de vinte e poucos anos, perdeu US$60 mil no mercado de ações. Mais da metade do dinheiro perdido pertencia a seus amigos. Ele os tinha convencido de que poderia ajudá-los a ficar mais ricos com um "sistema de operações comprovado" que ele havia aprendido em uma aula de negócios. Então, os amigos confiaram a ele seu dinheiro suado.

Esse jovem era Sean Seah.

Sean havia aprendido sobre os riscos envolvidos nos investimentos quando era um jovem adulto. E jurou nunca se interessar por investimentos. No entanto, insatisfeito com sua situação financeira, começou a investir cegamente no mercado acionário. Inicialmente, ele investiu U$5 mil para participar de uma negociação de curto prazo e obteve um lucro real nessa primeira transação com ações.

Ele rapidamente adquiriu uma confiança imensa e pediu a seus amigos que o deixassem administrar seu dinheiro. Ele levantou US$100 mil e perdeu mais da metade desse capital inicial em três meses.

Sean ficou chocado, mas perseverou. Depois de secar as lágrimas de medo e decepção de seus olhos, ele decidiu levar sua educação financeira a sério e começou a devorar todos os livros de investimento que lhe caíam nas mãos.

Um dia, um amigo recomendou a ele um livro intitulado *Buffettology*, coescrito pela ex-nora de Warren Buffett. Ele disse a Sean: "Usando as técnicas que ela me apresentou, minhas aplicações já tinham crescido 60% do ano passado para cá."

Sean saiu à procura do livro imediatamente. Para sua agradável surpresa, encontrou uma série inteira de livros escritos em parceria por Mary Buffett e David Clark sobre as técnicas e filosofia de Warren Buffett, incluindo *The New Buffettology*. Ele estudou os princípios descritos nesses livros e o jovem que inicialmente não tinha a menor noção sobre investimento transformou-se em um dos mais jovens milionários de investimentos da Ásia.

A Década Perdida

Conhecendo o Titan

Se eu vi mais longe, foi por estar nos ombros de gigantes.

Isaac Newton

No saguão, Sean olhou ansiosamente para seu relógio.

"São 10h50. Mais dez minutos."

Mal conseguia respirar, de tão empolgado. Estava prestes a conhecer, em alguns momentos, a mentora que poderia mudar sua vida: Mary Buffett.

Ex-nora de Warren Buffett, Mary fez parte da família por 12 anos. Ouvindo Warren atentamente, ela aprendeu como investir no mercado de ações. Mary viu muitas pessoas entrarem no mercado com uma mentalidade especulativa de curto prazo. Não era o caso de Warren: ele investia logicamente, com inteligência e uma metodologia fundamental. E seus investimentos renderam bilhões de dólares.

Mary Buffett observou, ouviu, e começou a absorver as técnicas e a filosofia de investimento de Warren. Em 1997, ela consolidou seu aprendizado e participou como coautora de seu primeiro livro, *Buffetttology*, com David Clark. Foi o primeiro de muitos livros publicados pela dupla que figuraram na lista dos mais vendidos. Livros que foram traduzidos em 17 idiomas e distribuídos ao redor do mundo.

Sean estudou e aplicou os princípios descritos nesses livros em seus próprios investimentos, e rapidamente conseguiu alcançar resultados positivos e consistentes. Ele estava determinado a aprender mais sobre as estratégias e técnicas de investimento de Warren Buffett e a conhecer Mary Buffett. Depois de meses tentando, enfim encontrou quem pudesse marcar uma reunião de uma hora com ela em Los Angeles.

"Você é o Sean?" disse uma voz clara e nítida.

7 Segredos para Investir como Warren Buffett

"M-Mary?" Sean se virou e viu uma mulher muito bem-vestida com óculos de sol. Era Mary Buffett.

"Vamos tomar um chá no restaurante?", perguntou Mary, sorrindo.

Após cinco minutos de apresentações, ideias de investimento começaram a surgir. Mary e Sean completavam as frases um do outro e falavam como se se conhecessem há anos.

A reunião de uma hora deles acabou se arrastando do final da manhã até o jantar. Eles trocaram telefones e nos últimos dez anos têm discutido como investir como Warren Buffett.

Mary tornou-se mentora e conselheira de Sean. Com sua ajuda e apoio, Sean fez seu primeiro milhão no mercado acionário. Sua história foi destaque na mídia e ele ganhou fama. Inicialmente, por solicitação de amigos, ele compartilhou com um pequeno grupo privado o que sabia sobre como investir. Essas solicitações cresceram, vindas de mais pessoas. Ele então passou a ensinar mais regularmente e tornou-se uma autoridade na área de educação financeira. Sean agora é convidado para ser palestrante em universidades de ponta em Singapura, Filipinas, Mianmar e China. Instituições financeiras, como UOB Bank, CIMB Securities e Phillip Capital, também o convidam para compartilhar suas ideias em encontros a portas fechadas. Ele é frequentemente entrevistado tanto em programas de rádio e TV quanto em jornais e revistas.

Agora, pare por um instante e imagine estes cenários:

E se Mary nunca tivesse publicado livros sobre as estratégias de investimento de Warren Buffett?

E se Sean nunca tivesse ido atrás do livro *The New Buffettology*?

E se o encontro em Los Angeles nunca tivesse acontecido?

E se o livro que você está segurando nas mãos agora pudesse dar o pontapé inicial em sua jornada para tornar-se um investidor confiante e bem-sucedido?

Mary e Sean decidiram ser coautores deste livro para ajudar outras pessoas a aprenderem como enriquecer, assim como eles. Enquanto lê, você conversará

A Década Perdida

com Mary e Sean. Às vezes, os dois compartilharão suas experiências. Então, não fique surpreso se você notar que "eu" e "nós" estão sendo misturados no texto. Você está pronto para virar a página e partir para um novo começo?

Um Novo Começo

Sean e eu decidimos escrever em coautoria *7 Segredos para Investir como Warren Buffett* para explicar as técnicas e a filosofia de investimentos de Warren Buffett para novos investidores.

Nós dois somos diferentes em vários aspectos. Sean nasceu, estudou e viveu em Singapura e tem a perspectiva do Oriente. Eu nasci, estudei e vivi nos Estados Unidos. Minha perspectiva é a do Ocidente. Ele é homem. Eu sou mulher. Nós somos de gerações diferentes. Apesar dessas diferenças, nossa filosofia de investimento é a mesma. Nós queremos compartilhá-la com nossos leitores e dar a eles a chance de se tornarem realmente ricos.

A informação contida neste livro é pensada para ensinar-lhe as técnicas de investimentos de Warren Buffett e ajudá-lo a aplicá-las eficazmente.

Este livro é constituído de duas partes separadas.

Na primeira parte, mostrarei a você os hábitos que precisa desenvolver para se tornar uma pessoa verdadeiramente rica. Ler um livro pode lhe trazer conhecimento, mas são as ações consistentes que você faz que mudarão sua vida e sua renda. Chamo essas ações consistentes de *hábitos*.

Na segunda parte, Sean explicará como Warren Buffett usa sua técnica conhecida como "investimento em valor" para aumentar sua riqueza. Tanto Sean quanto eu usamos a mesma estratégia para obter lucros sistemáticos no mercado de ações. Sean descreverá "investimento em valor" em termos leigos para que mesmo alguém com nenhum conhecimento financeiro possa entender e aprender a aplicar essa técnica.

Por fim, Sean e eu queremos encorajá-lo a continuar a aprender e crescer. À medida que você cresce, sua riqueza também crescerá.

SEGREDO 1

O PODER DO HÁBITO

CAPÍTULO 1

O Poder do Hábito

As correntes do hábito são leves demais para sentir até que sejam pesadas demais para serem quebradas.

BENJAMIN GRAHAM

Os hábitos definem quem você é, como vive, e os resultados que obterá com seus esforços. Se você está acima do peso, isso se deve, muito provavelmente, a maus hábitos alimentares ou sedentarismo. Caso tenha problemas em manter suas contas em dia, é bem possível que lhe falte pôr em prática o planejamento financeiro correto.

As pessoas verdadeiramente ricas possuem hábitos que as ajudam a criar mais riqueza. Mas muitas pessoas não adotam hábitos que aumentam seu poder de decisão e controle; em vez disso, elas recorrem a esquemas de enriquecimento rápido, acreditando que um investimento campeão, uma grande jogada ou um prêmio de loteria milionário podem mudar seu destino financeiro instantaneamente e para sempre.

Em 27 de agosto de 2017, a CNBC publicou um artigo mostrando que ganhadores de loteria e outras pessoas com ganhos financeiros inesperados tendem a desperdiçar o dinheiro recém-embolsado e terminam pior do que estavam inicialmente.

Por que isso acontece?

A resposta é simples. É semelhante às pessoas que seguem uma dieta radical na esperança de perderem peso rapidamente. Isso pode funcionar por um curto período, mas é improvável que o corpo consiga manter a perda de peso ao longo de tempo. A maioria das pessoas acaba desistindo e comendo mais do que comiam antes para compensar o que perderam e acabam por ganhar peso.

Resultados rápidos raramente funcionam.

Warren uma vez disse: "Não importa quão grande seja seu talento ou seus esforços, algumas coisas levam tempo. Você não pode fazer um bebê em um mês fazendo com que nove mulheres fiquem grávidas."

Qual é o caminho sensato?

Não tenha pressa. Tenha paciência. Seja disciplinado.

Lembre-se: Roma não foi construída em um dia. Você pode adotar ações consistentes e sustentáveis que o ajudem a alcançar suas metas. Embora os resultados não se materializem da noite para o dia, a boa notícia é que, ao adotar bons hábitos, você será recompensado com pequenas realizações. A chave é ser disciplinado e persistente. Nos próximos capítulos, quero dividir com você os importantes hábitos das pessoas ricas e bem-sucedidas. Adote bons hábitos e você começará a perceber mudanças positivas em sua vida.

CAPÍTULO 2

Preste Atenção em Seus Gastos

O Carro Velho de Warren

Warren compartilhou comigo uma vez uma história bem interessante. Por muitos anos, ele dirigiu um velho Volkswagen Beetle. As pessoas sabiam que ele poderia comprar um carro novo e pensavam que ele andava com aquele carro porque era barato.

Em vez de se ofender com a opinião deles, Warren disse: "Olha, um novo carro me custará US\$20 mil. E 30 anos depois não valerá nada. Na verdade, ele pode nem durar 30 anos.

"No entanto, se eu aplicar US\$20 mil anualmente por 10 anos, ganharei cerca de US\$150 mil de juros. Em vinte anos esse ganho será, provavelmente, de US\$1,5 milhão. E em 30 anos, isso será um patrimônio de US\$9,9 milhões.

"US\$9,9 milhões é muito para pagar por um carro!"

Warren habitualmente pensa sobre suas aquisições em termos de quanto este item custará no futuro, quando seu custo é calculado em termos compostos [juros sobre juros]. Se você puder adotar esse pensamento sempre que estiver prestes a comprar uma peça de roupa ou dispositivos desnecessários, quanto dinheiro você terá economizado e composto em 30 anos?

O que vem primeiro? Poupar ou gastar?

Warren disse: "Você sabe, muitas pessoas primeiro gastam e poupam o que sobrar. Mas, na verdade, o que você deve fazer é poupar primeiro e gastar o que sobrar."

Acredite ou não, essa pequena inversão de pensamento pode fazer uma diferença drástica em sua vida.

Na próxima vez que receber seu salário, reserve pelo menos 10% como poupança. Você pode, então, gastar o restante ficando em paz consigo mesmo. Mais adiante neste livro, falarei sobre o que você pode fazer com o dinheiro que reservou. Por agora, é importante para você adotar a ideia de que cada centavo conta.

Cada Centavo Conta

Certa vez, quando Warren estava em Nova York, deparou-se com alguns estrangeiros ao entrar em um elevador. Ele era tão famoso que todos ali o reconheceram.

Havia uma moeda caída no chão do elevador. Ninguém podia deixar de vê-la, mas nenhum deles se mexeu. Por fim, Warren inclinou-se, pegou a moeda e disse: "Uma moeda! Estou a caminho de meu próximo bilhão."

Então, como encontrar centavos extras?

Encontrando Aquele Centavo Extra!

Quando meu filho, Sam, estava na faculdade, eu pagava todas as suas despesas, incluindo hospedagem e mensalidades. Todo mês lhe enviava US$100 para que ele pudesse, esporadicamente, ir ao restaurante em vez de fazer todas as refeições no refeitório da faculdade. Mas todo mês ele gastava o que tinha e me pedia mais.

Um dia o visitei na faculdade e enquanto dirigia com ele para algum lugar, perguntei: "Sam, no que está gastando seu dinheiro extra? Você tem tudo."

Preste Atenção em Seus Gastos

Ele me respondeu: "Bem, eu não sei, mãe."

Antes que eu pudesse continuar a conversa, ele apontou para frente e disse: "Mãe, podemos parar ali? Quero tomar um café."

Eu parei e o segui até uma Starbucks, e observei enquanto ele pegava um copo de café que custou mais de US$5.

Por curiosidade, perguntei: "Quantos copos de café você toma por dia?"

"Não sei", ele respondeu. "Meus amigos e eu ficamos acordados até tarde na maioria das vezes, então vamos à Starbucks. Acho que uns dois copos por dia."

Chocada com a resposta dele, eu o encarei e disse: "Se você gasta US$10 por dia, 365 dias por ano, você está gastando milhares de dólares em café."

Assim que voltamos para o carro, fui direto a uma loja popular e comprei para Sam uma cafeteira. Depois voltei para a Starbucks e comprei um de seus copos.

Dei os dois para meu filho e falei: "Faça seu próprio café, filho. Depois, coloque-o em um copo da Starbucks e você continuará parecendo descolado."

Felizmente, Sam seguiu meu conselho e conseguiu economizar milhares de dólares todo ano.

Construindo Sua Força Poupadora

Em um dos workshops que Sean e eu conduzimos, um participante deu uma sugestão muito útil para ajudar as pessoas a começarem a poupar. Ele sugeriu que praticássemos o hábito de poupar dando um pequeno passo a cada semana e aumentando progressivamente nosso compromisso. Ele disse: "Foi o que fiz. Guardei um dólar na primeira semana. Na segunda semana, dois dólares. E na terceira, três. Na 52º semana, minhas economias já eram de US$52 por semana."

7 Segredos para Investir como Warren Buffett

Esse método serve para ilustrar três importantes conceitos:

1. Progressividade

   Muitas vezes as pessoas tendem a estabelecer metas ambiciosas. Se elas não atingem essa meta em um curto espaço de tempo, tendem a desistir. É por isso que é importante começar com pouco, a fim de dar o impulso inicial.

2. Marcos crescentes

   Um motivo pelo qual algumas pessoas acham difícil construir hábitos positivos é porque isso se torna chato depois de um tempo. Quando algo é novo, as pessoas ficam entusiasmadas, mas rapidamente se entediam. Por fim, quando o entusiasmo acaba, muitas delas desistem.

   No entanto, mudar nosso objetivo a cada semana nos faz seguir para a próxima como se fosse um desafio maior e mais excitante. É como jogar videogame. À medida que passamos para o próximo nível, o objetivo se torna mais desafiador. Essa é, provavelmente, a razão pela qual as pessoas se viciam em jogos de videogame. Faça do ato de poupar um jogo e vicie-se nisso!

3. Consistência

   Com uma compreensão melhor desses três importantes conceitos, você pode aplicá-los de forma a ajudá-lo na construção de um hábito positivo de poupar. O valor inicial não importa. O importante é começar a agir!

   Consistência é a chave para que nossa memória ganhe musculatura e transforme algo em um hábito!

CAPÍTULO 3

Encontre um Trabalho que Você Ama

Tenha um trabalho que você ama. Você pulará da cama de manhã. Acho que você é um louco se continuar aceitando trabalhos que não gosta porque acha que ficará bem em seu currículo. Não é um pouco como economizar sexo para a velhice?

WARREN BUFFETT

Se fossemos definir como se gasta a maior parte do tempo enquanto se está acordado, muitas pessoas concordariam em dizer que, após entrarem no mercado de trabalho, passam a maior parte do tempo trabalhando.

Você ama o que faz no trabalho? Se não, você gasta grande parte da vida fazendo algo que não lhe traz felicidade.

Warren sempre dizia: "Muitas pessoas trabalham apenas por dinheiro. Como eles não amam seus trabalhos, sua infelicidade aumenta a cada hora extra. Muitos acabam levando suas emoções negativas para casa, em vez de levar felicidade a seus filhos e aos demais membros da família. Então, na verdade, você tem que fazer aquilo que você ama."

Pessoas Felizes, Grandes Resultados

Em muitas companhias que Warren comprou, a gerência permaneceu porque as pessoas amavam seus empregos. Um grande exemplo foi a Sra. Rose Blumkin, geralmente conhecida como Sra. B. Ela vendeu a Nebraska Forniture Mart para Warren quando estava com 89 anos e continuou a trabalhar para a companhia até completar 104 anos.

Na verdade, ela tirou férias apenas uma vez em toda sua vida profissional, e odiou. Durante essas férias, ela sentiu tanta falta de seu trabalho que não conseguiu esperar para retornar. Sob sua administração, a Nebraska Furniture Mart cresceu exponencialmente, aumentando suas receitas ano após ano. Esse é o poder da paixão.

A paixão não desencadeia apenas a felicidade. Ela também aumenta nossa produtividade. Empregados apaixonados tendem a alcançar bons resultados muito mais do que os que estão infelizes, o que geralmente se traduz em maior retorno financeiro. Pessoas felizes no trabalho tendem a ser promovidas mais rapidamente, ganhar comissões maiores e obter maior reconhecimento do que pessoas descontentes em seus trabalhos.

É verdade que nem todos conseguirão se destacar pelo trabalho árduo; contudo, as chances de ser reconhecido aumentarão significativamente quando se coloca paixão no que faz.

O Alfaiate Obcecado

Warren uma vez compartilhou uma história sobre um alfaiate que era obcecado por seu trabalho. O sonho dele era conhecer o Papa. Economizando seu dinheiro pouco a pouco ele poderia viajar ao Vaticano e realizar seu sonho.

Um dia, ele finalmente tinha poupado o suficiente para sua viagem.

Ao retornar do Vaticano, as pessoas em sua comunidade queriam saber sobre a viagem. Quando elas diziam: "Nós queríamos saber mais sobre o

Papa. O que você pode nos dizer sobre ele?", o alfaiate respondia: "Ele é um 44 médio."

Claramente, o alfaiate tinha paixão por seu ofício.

Warren também é obcecado por seu trabalho. Na verdade, ele geralmente está tão absorto, pensando, que fica alheio ao que está acontecendo a seu redor.

Certa vez, ele e seu sócio, Charlie Munger, visitaram Nova York. Caminhando pela rua, Charlie de súbito se lembrou de que precisava pegar um avião. Então, chamou um táxi e foi embora sem dizer nada. Warren não percebeu a saída repentina e continuou andando e falando por mais dois quarteirões antes de perceber que Charlie havia ido embora.

Enquanto Warren estava fora, sua esposa, Susan Thompson Buffet, decidiu reformar sua casa para fazer uma surpresa para ele. O carpete foi removido e substituído por pisos de madeira; as paredes foram pintadas e a mobília, renovada. Na primeira vez que Warren voltou para casa após a reforma ter terminado, ele entrou na cozinha, pegou uma Coca, passou pela sala, e saiu sem dizer uma única palavra.

Como se vê, *nós* é que ficamos surpresos, e não Warren. Então, nos aproximamos dele e perguntamos: "Você notou algo de diferente na casa?"

E ele disse: "Não".

"Tudo está diferente!", exclamamos.

Ele finalmente olhou em volta e disse: "Sério? Ah, é verdade, ótimo, ok!"

Construindo Seu Caminho Para O Topo... A Partir Do Chão

Quero encorajá-lo a encontrar o setor de atividade que você ama e procurar um emprego nele. Não espere conseguir a posição dos sonhos imediatamente. Como você sem dúvida sabe, a maioria das pessoas começa da base e ascende.

Embora uma posição inicial não pague muito bem, ela dará a você a oportunidade de iniciar uma carreira que você ama. Muitos dos principais executivos dos estúdios de Hollywood começaram na seção de correspondência.

O Teste Da Paixão

Para ajudá-lo a descobrir sua paixão, faça o "Teste da Paixão". Na próxima página, você verá quatro quadrantes. No primeiro quadrante, escreva ao menos cinco coisas que o fazem feliz.

No quadrante seguinte, escreva cinco coisas que o deixam com raiva. Se algo o enraivece e você consegue determinar o porquê, isso pode ser a chance de você encontrar sua paixão.

No terceiro quadrante, escreva cinco coisas em que você se considera bom. Pense em coisas que seus amigos lhe pedem conselhos. No último quadrante, escreva cinco coisas que você acredita que deve fazer antes de chegar ao final de sua vida.

Encontre um Trabalho que Você Ama

Fico feliz com

_____

_____

_____

_____

_____

_____

Fico com raiva com

_____

_____

_____

_____

_____

_____

Sou bom em

_____

_____

_____

_____

_____

_____

Tenho que fazer

_____

_____

_____

_____

_____

_____

Olhe atentamente para os quatro quadrantes. Você consegue observar alguma tendência ou áreas com as quais se identifica?

As pessoas verdadeiramente ricas fazem o que amam e amam o que fazem. Uma vez identificadas suas áreas de paixão, procure um emprego nesse campo. Assim você estará no caminho para se tornar verdadeiramente rico!

Pule da cama todas as manhãs e viva com paixão!

CAPÍTULO 4

Evitando Dívidas

Tenho visto muitas pessoas fracassando por causa de bebida e alavancagem — sendo a alavancagem dinheiro emprestado.

WARREN BUFFETT

A ASCENSÃO DO IMPÉRIO DO CARTÃO DE CRÉDITO

Estamos mudando para um mundo sem dinheiro. Com o avanço da tecnologia, o uso de cartões de crédito, nos últimos anos, tem aumentado. Sem dúvida alguma esses cartões nos trouxeram muitas conveniências. Entretanto, eles podem ser uma faca de dois gumes se não soubermos cuidar de nossas despesas cuidadosamente. Lembre-se desses dois fatos antes de usar o cartão de crédito:

1. Usar o cartão de crédito gera juros muito altos quando não pagamos o valor total todos os meses. Warren uma vez disse: "As taxas de juros são muito altas nos cartões, chegando, nos Estados Unidos, às vezes, a 18% ao ano, às vezes, a 20% ao ano [no Brasil, esses porcentuais

giram em torno de 300% ao ano]. Se eu tomasse emprestado dinheiro a 18% ou 20% de juros, eu quebraria."

2. Usar o cartão de crédito nos incentiva a gastar mais. Quando pagamos em dinheiro, isso ativa um senso de perda que nos faz hesitar quando decidimos sobre compras. Por outro lado, transações sem dinheiro vivo, como aquelas em que usamos o cartão de crédito, diminui nossa dor em pagar e faz as transações serem mais fáceis. Essa sensação de facilidade faz as pessoas gastarem além da conta.

Então, como nos prevenimos para não cair na armadilha do cartão de crédito?

Podemos seguir estes dois princípios:

3. Em vez do cartão de crédito, pague em dinheiro. Se você é o tipo de pessoa que não tem disciplina para controlar seus gastos, deve adotar um método de gerenciamento de dinheiro chamado "Sistema de Envelopes". Nesse método, o que você faz é preparar diferentes envelopes para diferentes categorias de gastos. Em seguida, decida o quanto você pode alocar em cada categoria. Por exemplo, você pode ter um envelope para alimentação, um para transporte e um outro para compras pessoais. Uma vez esgotado o que você reservou para cada categoria, é hora de parar.

4. Pague o total de suas faturas de cartão de crédito no vencimento. Se você ainda deseja aproveitar a conveniência de um cartão de crédito, tenha certeza de que isso não incorrerá em taxas ou juros por atraso de pagamento!

Evitando Dívidas

O PERIGO DAS DÍVIDAS

Há cerca de dez anos, um amigo de Sean o procurou e perguntou se ele não poderia lhe emprestar dinheiro. O amigo — chamado Alan — acabou confessando que não tinha como quitar seus débitos.

Alan disse a Sean que havia usado em demasia o cartão de crédito e não tinha dinheiro para pagar o saldo do extrato. Com os juros, a dívida cresceu rapidamente e, antes que Alan percebesse, o montante era três vezes mais do que seu salário mensal.

Para "resolver" a questão, Alan acreditava, ingenuamente, que poderia usar outro cartão de crédito para adiar o pagamento. Então começou a obter muitos outros cartões de crédito e usou-os para financiar seus débitos. Em vez de melhorar a situação, isso piorou as coisas. Ele tinha dívidas enormes com cinco companhias diferentes de cartão de crédito. Estava desesperado e queria obter dinheiro rápido.

Isso ocorreu na época em que a Apple lançou seu popular iPhone 4. Para incentivar as pessoas a se inscreverem em planos de telefonia móvel, as operadoras distribuíram Iphones 4 gratuitamente para clientes que optassem pelos planos mais caros. Alan viu nisso uma oportunidade e solicitou nove linhas de celular. Então ele vendeu os iPhones "grátis" para lojas de telefones de segunda mão. Mas, infelizmente, o montante que ele conseguiu na venda dos aparelhos não foi suficiente para pagar suas dívidas.

Agora, ele devia dinheiro para cinco empresas de cartão de crédito e, além disso, precisaria pagar as nove linhas de celular todo mês.

E, finalmente, ele foi atrás de agiotas. As coisas ficaram fora de controle e os agiotas começaram a assediar Alan e sua família. Foi quando ele chamou seus amigos para ajudá-lo.

7 Segredos para Investir como Warren Buffett

Sean aceitou ajudá-lo. Primeiro, ele pediu a Alan que anotasse todo o dinheiro que devia e as respectivas taxas de juros de cada débito. Os dois formularam um plano no qual Alan pudesse pagar uma dívida de cada vez, e não fazer nenhuma outra dívida. Por fim, após três anos trabalhando arduamente, Alan conseguiu liquidar suas dívidas. Lembre-se: todos esses problemas surgiram de despesas excessivas de um único cartão de crédito!

TOMAR EMPRESTADO PARA INVESTIR

Há pessoas que dizem que ter algumas dívidas é bom. Essas pessoas tomam dinheiro emprestado a uma taxa de juros relativamente baixa e o investem para obter uma taxa de retorno mais alta. Em minha opinião, os juros da dívida são garantidos, mas o retorno dos investimentos nunca é.

Portanto, a menos que você seja um investidor sofisticado que entende como minimizar riscos e é capaz de arcar com perdas, Sean e eu o aconselhamos a ficar longe de empréstimos.

Você, na verdade, não precisa de alavancagem. Se você for inteligente, ganhará muito dinheiro sem fazer empréstimos.

WARREN BUFFETT

CAPÍTULO 5

Gestão de Risco

Warren frequentemente cita duas regras de investimento. A regra número um é nunca perder dinheiro. A regra número dois é nunca esquecer a regra número um.

Pessoas que tentam se tornar ricas e não conseguem geralmente se enquadram em duas categorias. Na primeira estão aquelas que assumem um risco enorme na tentativa de enriquecer rapidamente. Eles pulam antes de olhar e acabam batendo no fundo do penhasco.

Na outra estão as pessoas paralisadas pelo medo que não se atrevem a assumir nenhum risco. Eles mantêm seu dinheiro no banco ou embaixo do colchão e deixam a inflação corroer, lentamente, seus recursos.

Pessoas ricas estão abertas a investimentos que podem ajudar a aumentar sua riqueza. Eles identificam os riscos e os minimizam até o menor grau possível.

Neste capítulo, você aprenderá duas ações de gestão de riscos que você pode executar instantaneamente.

AÇÃO DE GESTÃO DE RISCO 1: FUNDO DE EMERGÊNCIA

Recentemente, uma de minhas amigas compartilhou em sua página no Facebook que seu sistema de aquecimento estava quebrado e que precisava de US$8 mil para consertá-lo. No entanto, ela não tinha esse dinheiro. Como

7 Segredos para Investir como Warren Buffett

dissemos, não ter dinheiro para tais imprevistos é perigoso, uma vez que podemos precisar de um empréstimo em momentos de crise.

Em 6 de janeiro de 2016, a Forbes divulgou, em um de seus artigos, uma pesquisa do Bankrate.com que mostra que 63% dos norte-americanos não tinha reservas suficientes para cobrir uma emergência de US$500. Quando isso ocorre, não há escolha a não ser recorrer a um empréstimo. É por isso que é tão importante reservar uma certa quantia para os dias incertos.

Recomendamos que você tenha imediatamente disponível o equivalente a pelo menos três meses de despesas.

Aqui estão três princípios importantes sobre um fundo de emergência:

1. Ele não é um fundo de investimento.

   Não se trata de um fundo de investimento: o propósito dele não é continuar a crescer. Em vez disso, ele deve ser usado se você sofrer uma inesperada crise financeira.

2. Ele deve ser acessível.

   O fundo de emergência deve estar facilmente disponível. Por exemplo, não o coloque em imóveis, pois geralmente demora muitos meses antes que você possa colocar o dinheiro no bolso vendendo uma determinada propriedade.

3. Ele deve ser mantido fora da vista, mas não fora do alcance.

   Embora o fundo de emergência esteja prontamente acessível, mantenha-o fora da vista! Ele não deve ser colocado onde possa estar convenientemente à mão, porque você pode ficar tentado a usá-lo para pagar pela pizza quando o entregador chegar. Minha sugestão é deixá-lo em uma conta bancária separada.

Gestão de Risco

As Lições De Sean Sobre Fundo De Emergência

Em janeiro de 2009, Sean estava fazendo compras com sua esposa, dois dias antes do Ano Novo Chinês. Ela estava grávida de seu segundo filho e sua data provável de parto estava programada para dali há dois meses. De repente, a esposa de Sean parou e disse: "Acho que devemos ir para o médico agora."

Eles correram para o Thompson Medical Center. No dia seguinte, seu segundo filho nasceu prematuramente.

A esposa de Sean precisava de atendimento especializado e precisaria ficar no hospital por mais tempo do que o planejado e, em consequência, Sean teve que encarar uma conta de hospital altíssima.

Naquele momento, ele não tinha dinheiro para arcar com aquela despesa. Ele esperava que o bebê chegasse dois meses depois, e planejou-se financeiramente com base nisso. A maior parte de seus recursos financeiros estava aplicada. Ele quase não tinha liquidez para pagar as contas.

Ele então ligou para seu grande amigo Daniel para pedir ajuda. Felizmente, Daniel lhe emprestou uma quantia de cinco dígitos sem hesitação. Desde esse dia, Sean assegura-se de que sua família tenha ao menos o correspondente a seis meses de despesas em seu fundo de emergência!

Ação De Gestão De Risco Número 2: Seguro Abrangente

A menos que você se enquadre na categoria dos ultrarricos, certifique-se de ter um seguro.

Seguro é um tópico muito grande e é impossível cobrir tudo aqui. É por isso que Sean e eu aconselhamos você a contratar os serviços de uma corretora confiável para analisar suas necessidades.

Nessa seção, cobrirei os aspectos mais importantes de um seguro que você precisa conhecer.

O que é um Seguro?

Em nossa opinião você precisará de um seguro para auxiliá-lo no gerenciamento de duas situações:

1. Perda da renda;

2. Despesas médicas.

Perda da Renda

É importante ter certeza de que todos que têm renda, em especial as pessoas que são arrimo de família, disponham de uma cobertura de seguro adequada. Se você perder a capacidade de gerar renda, o dinheiro fornecido pelo seguro vai ajudá-lo nos momentos mais difíceis.

Embora você possa pensar que sempre tem sorte, a vida é imprevisível. Uma doença grave, lesão ou acidente pode facilmente levá-lo à incapacidade ou à morte. Portanto, é melhor prevenir do que remediar. Uma apólice de seguros é sua segurança.

Pergunte a seu consultor financeiro se sua cobertura garante que a vítima de um acidente ou seu beneficiário receba uma quantia suficiente para mantê-los por um período razoável em caso de um infortúnio.

Uma boa regra é ter uma apólice para acidente e uma apólice para invalidez, ambas com cobertura para dez anos de despesas correntes.

Tomemos Jake como exemplo. Se Jake ganha US$60 mil anualmente, seria bom que ele tivesse uma cobertura de US$600 mil. Em outras palavras, se ele perde sua capacidade de ganhar a vida, seu seguro deve lhe dar ou a seu beneficiário a quantia de US$600 mil.

A suposição aqui é a de que, em dez anos, Jake ou sua família encontrariam uma solução para compensar a perda de renda.

Gestão de Risco

Despesas Médicas

Se você não tiver um seguro adequado, as despesas médicas podem absorver tudo o que você acumulou. Pode acontecer de ser necessário liquidar seus investimentos e negócios, ou ter que pegar empréstimos para pagar as contas médicas.

Tais casos de contas médicas imprevistas podem até gerar dívidas repentinas em pessoas financeiramente independentes.

Em nosso mundo atual, as pessoas vivem vidas muito mais longas, mas é também um mundo em que doenças e enfermidades afligem os jovens e os velhos. Essa é a razão pela qual precisamos revisar e atualizar continuamente as apólices de seguro para cobrir o maior número de cenários.

Pergunte a seu consultor financeiro se você está adequadamente coberto, caso se envolva em um acidente ou contraia alguma doença grave. Note, também, que esses planos não se limitam apenas ao chefe de família.

Todos na família devem estar assegurados.

Quadro Síntese

Mencionamos, acima, cenários importantes que requerem que contratemos seguros. O quadro a seguir sintetiza o que acabamos de discutir.

O que cobrir	Perda de receita	Despesas médicas
Quem cobrir	Quem tem renda, especialmente chefes de família	Qualquer membro da família
Quanto cobrir	Cerca de dez anos de despesas, ou o suficiente para manter a pessoa ou seus dependentes durante uma crise	Tanto quanto possível para cobrir qualquer despesa médica ou hospitalar
Quando cobrir	Quando se começa a ter renda e mais ainda quando se tem outras pessoas dependendo dessa renda	Agora mesmo!

CAPÍTULO 6

Cuidando de sua Saúde

Warren uma vez compartilhou esta história sobre um gênio:

"Aos 16 anos de idade, eu tinha duas coisas na cabeça: garotas e carros. Eu não era muito bom com garotas. Então pensava em carros. Pensava em garotas também, mas tinha mais sorte com carros.

"Digamos que quando completei 16, um gênio tenha aparecido para mim. E ele disse: 'Warren, eu lhe darei um carro a sua escolha. Ele estará aqui amanhã de manhã, com um grande laço em volta dele. Novo em folha. Ele é todo seu.'

"Tendo ouvido toda aquela história, eu diria: 'Qual é a pegadinha?' e o gênio me responderia: 'Há apenas uma condição. Será o último carro que você terá em sua vida. Então, ele durará sua vida toda.'

"Se isso tivesse acontecido, eu teria escolhido aquele carro. Mas, você pode imaginar, sabendo que tinha de durar uma vida inteira, o que eu faria com ele?

"Eu leria o manual cinco vezes. Sempre manteria o carro na garagem. Se tivesse arranhões ou batidas, eu teria consertado imediatamente, porque se algo desse errado, eu não queria que o carro enferrujasse. Eu teria cuidado do carro como um bebê, porque teria que durar uma vida inteira.

7 Segredos para Investir como Warren Buffett

"É exatamente assim que eu olho para as pessoas. Temos uma mente e um corpo e eles têm que durar a vida toda. Se você não tomar conta de sua mente e de seu corpo, eles ficarão um caco, tal como um carro poderia ficar. O que você faz hoje determina como sua mente e seu corpo funcionarão 10, 20 e 30 anos mais tarde."

NOSSOS MAIORES ATIVOS

Como Warren observou, nosso corpo e nossa mente são os maiores ativos que temos. Você pode ter ouvido falar sobre todos os hábitos alimentares de Warren e questioná-los...

Warren disse uma vez que o segredo para se manter jovem era "comer como uma criança de seis anos". Isso inclui beber cinco latas de Coca-Cola por dia e comer hambúrgueres, biscoitos e sorvete no café da manhã. Mas Warren se cuida.

Em 2007 (aos 77 anos de idade), Warren revelou que seu médico tinha lhe pedido para fazer uma escolha simples: ou comer melhor ou fazer exercícios. Warren escolheu o último, acreditando que era, como ele disse, "o menor dos males".

Não vamos nos aprofundar em como nos mantermos saudáveis porque não faltam informações sobre isso por aí. A chave é construir hábitos que nos mantenham saudáveis. E todos nós conhecemos dois fatos: comer melhor e fazer exercício!

Separe um tempo toda semana para se exercitar e observe como seu corpo responde. Sean se exercita todos os dias e Mary é cuidadosa com o que come. Você ficaria surpreso sobre quão jovem pode se tornar!

CAPÍTULO 7

Aprimoramento Contínuo

Warren Buffett se tornou um investidor muito melhor desde o dia em que o conheci, e eu também. Se tivéssemos permanecido no estágio em que estávamos, com o conhecimento que tínhamos, o histórico teria sido muito pior do que foi. Então, a questão é continuar aprendendo.

CHARLIE MUNGER

As pessoas realmente ricas nunca param de aprender e se aprimorar. Além de melhorar suas habilidades técnicas, aqui estão algumas sugestões que eu gostaria que você considerasse implementar em sua vida.

SCORECARD INTERNO

Warren tinha o que ele chamava de scorecard interno — ou seja, um indicador interno de desempenho. Ele pergunta: "Você prefere ser o melhor amante do mundo, mas que todos pensem que é o pior amante do mundo? Ou prefere ser o pior amante do mundo e todos pensem que você é o melhor amante do mundo?"

Ora, essa é uma pergunta interessante.

Se toda a ênfase está no que o mundo pensará de você, não em como você realmente funciona, você estará sob um indicador de desempenho externo.

Existem pessoas que se esforçam para ganhar reconhecimento, e acabam se perdendo no processo. O que realmente importa é quem você se torna no processo.

INTEGRIDADE, INTELIGÊNCIA, ENERGIA

Falando para um grupo de estudantes de MBA, Warren disse: "Eu gostaria de falar sobre seu futuro. Vocês aprenderão uma enormidade sobre investimento neste programa de MBA; todos vocês têm a capacidade de fazê-lo bem; e todos vocês têm inteligência para fazê-lo bem. Todos vocês têm energia e iniciativa para fazê-lo bem ou não estariam aqui.

"Mas, para determinar se você terá sucesso, há mais a se considerar do que intelecto e energia.

"Havia um sujeito, Pete Kiewit, em Omaha, que sempre dizia que procurava três coisas quando contratava uma pessoa: integridade, inteligência e energia. E ele dizia que se o indivíduo não tivesse a primeira, as duas últimas o matariam, porque sem integridade, há burrice e preguiça.

"E se eu desse a algum de vocês o direito de comprar 10% da renda de um de seus colegas de classe pelo resto da vida dele? Você não pode escolher alguém com dinheiro da família; tem que escolher alguém que será bem-sucedido por mérito próprio. Você faria um teste de QI e escolheria o que tivesse o maior? Eu duvido.

"Você escolheria aquele com as melhores notas? O que tivesse mais energia? Provavelmente começaria a procurar por fatores qualitativos, além dos quantitativos, porque todos têm cérebro e energia suficientes.

Aprimoramento Contínuo

"Provavelmente, você escolheria a pessoa que você reputa ser a melhor, aquela que tem qualidades de liderança, é generosa, sincera e que deu crédito a outras pessoas pelas ideias delas.

"Você não escolheria a pessoa com o menor QI, não pensaria naquela pessoa com quem não se entusiasma, a pessoa que é egoísta, gananciosa, que vai pelo caminho mais fácil, que é um pouco desonesta.

"Você vê as qualidades positivas que quer cultivar, e as qualidades negativas que pode evitar.

"Você pode se livrar de comportamentos negativos. Pode se livrar deles muito mais facilmente na sua idade do que na minha, porque a maioria dos comportamentos vêm do hábito. Benjamin Graham disse que as correntes do hábito são leves demais para serem sentidas até serem pesadas demais para serem quebradas. Não há dúvida sobre isso. Eu vejo pessoas com padrões de comportamentos autodestrutivos com a minha idade e com até 20 anos menos aprisionadas por sua negatividade.

"As ações e atitudes dessas pessoas constantemente fazem com que outras fiquem apáticas e desinteressadas. Elas não são necessariamente difíceis ou desonestas, mas não sabem como mudar seus maus hábitos ao longo da vida.

"Mas na idade de vocês pode-se desenvolver quaisquer hábitos, quaisquer padrões de comportamento que desejar. É, simplesmente, uma questão de decidir o que se quer.

Warren percebeu que muitas pessoas de sucesso procuram pessoas que desejam imitar. Quando Benjamin Graham — um dos professores de Warren — era um jovem adolescente, ele olhou em volta para as pessoas que ele admirava e decidiu: "Eu quero ser admirado, então por que não me comportar como eles?"

Warren continuou: "Graham descobriu que não havia nada de impossível em se comportar como as pessoas que ele admirava. Eu sugeriria que, se você escrever as qualidades positivas que você admira nos outros, pensar nelas por algum tempo, e torná-las um hábito, você será a pessoa de quem você deseja comprar os 10%. E a beleza disso é que você já possui 100% desses ativos. Então, você também pode ser a melhor pessoa possível."

O Exercício Das Qualidades

Pense por um momento no que Warren disse aos alunos de MBA. Pense em uma pessoa que você admira e respeita. A seguir, na coluna de sua mão esquerda, escreva as qualidades que você admira nessa pessoa.

Agora, pense em uma pessoa que você detesta. E escreva as qualidades que você associa a ela na coluna de sua mão direita.

Observe sua tabela...

O que Você Admira	O que Você Detesta
_____	_____
_____	_____
_____	_____
_____	_____
_____	_____
_____	_____
_____	_____
_____	_____
_____	_____
_____	_____

Você conseguiu identificar as áreas em que deseja trabalhar? Esforce-se para trabalhar nelas um pouco por dia. Como dizia Charles Munger: "Passar cada dia tentando ser mais sábio do que era quando acordou."

SEGREDO 2

O PODER DO INVESTIMENTO EM VALOR

CAPÍTULO 8

O que é Investimento em Valor

Você conhece alguém que possui uma imensa coleção de selos? Ou alguém que adora colecionar figurinhas de futebol?

Imagine que, em vez de colecionar selos ou figurinhas, o que você tem é uma coleção das mais rentáveis empresas do mundo.

É disso que se trata um investimento.

Warren tem algumas das empresas mais rentáveis em seu portfólio de investimento, tais como Coca-Cola, Kraft Foods e American Express.

Pare e pense por um momento: cada vez que alguém compra uma latinha de Coca-Cola, um salgadinho da Kraft Foods, ou usa um cartão da American Express, você fica um pouco mais rico!

Apenas para ilustrar: cerca de 1,9 bilhão de latas de Coca-Cola são vendidas em um único dia.

São 79 milhões de unidades por hora, o que equivale a 1,3 milhão de latas por minuto, 21.999 latas por segundo.

1 segundo, 2 segundos, 3 segundos...

Pronto: cerca de 65 mil latas de Coca vendidas. E se você possui a "The Coca-Cola Company", você será 65 mil latas de Coca mais rico a cada três segundos.

Essa é a ideia do investimento! Comprar e possuir empresas rentáveis.

7 Segredos para Investir como Warren Buffett

E, no mercado de ações, você pode possuir essas empresas comprando suas ações.

E quanto ao valor?

Valor significa comprar um bom negócio a um bom preço. Você pode estar se questionando por que algumas pessoas que compraram ações de empresas lucrativas não fizeram dinheiro no mercado de ações. A explicação é simples: eles compraram por um preço supervalorizado.

É por isso que é tão importante aprender sobre investimento em valor [em inglês, "value investing"], uma estratégia que consiste na compra de empresas boas e lucrativas a preços razoáveis. Colocando em prática essa estratégia, você gradualmente dominará o segredo da formação de uma riqueza duradoura.

CAPÍTULO 9

Origens do Investimento em Valor

Mary e eu queremos conhecer as origens do investimento em valor à medida que induzimos você a se inserir nessa comunidade. Para compreender o que é o investimento em valor e entender como ele impacta vidas, vamos voltar à primeira metade do século XX. Em 1934, dois professores de finanças da Columbia Business School, Benjamin Graham e David Dodd, publicaram um livro chamado *Security Analysis* ["Análise de Títulos", em tradução livre], que se tornou o guia para corretores e investidores de sucesso.

Antes da publicação de *Security Analysis*, as pessoas que investiam no mercado de ações eram guiadas principalmente pela especulação e pelo que acreditavam ser informações privilegiadas (não é muito diferente hoje, não é?).

Benjamin Graham acreditava que estudando e analisando o mercado, ele seria capaz de determinar o preço "real" de uma ação; então, quando a comprasse, poderia fazê-lo como um profissional experiente e não como um mero especulador. Ele trabalhou com David Dodd para desenvolver o investimento em valor — uma estratégia que é usada para identificar e comprar ações abaixo de seu valor, ou *subvalorizada*.

Graham começou a ensinar o método do investimento em valor na Columbia Business School, em 1928, e continuou a aprimorar suas ferramentas ao longo do tempo. Alguns dos mais lendários empresários que participaram de suas aulas foram Warren Buffett (em 1951), Mario Gabelli (em 1967),

7 Segredos para Investir como Warren Buffett

Glenn Greenberg (em 1973), Charles Royce (em 1963), Walter Schloss (em 1978), e John Shapiro (em 1978).

Nos próximos capítulos, discutiremos alguns desses grandes investidores e como podemos aprender com eles.

Em 1992, Tueedy, Browne Company LLC publicou What Has Worked in Investing — Studies of Investment Approaches and Characteristics Associated with Exceptional Results ["O que Funcionou em Investimentos — Estudos de Abordagens e Características de Investimentos Associados a Resultados Excepcionais", em tradução livre]. Os analistas da companhia examinaram o conceito de "valor" em diferentes mercados e em vários cenários ao longo do tempo e concluíram que o investimento em valor sempre produzia retornos notáveis.

Cada um de nós tem apenas algumas décadas para investir, portanto, precisamos seguir um método comprovado para fazer nosso dinheiro render. O restante deste livro explicará como usar o investimento em valor para fazer seu próprio dinheiro crescer.

Bem-vindo à comunidade do investimento em valor.

SEGREDO 3

GERANDO IDEIAS SOBRE AÇÕES

CAPÍTULO 10

Como Começar a Encontrar Investimentos em Ações?

Encontrando Ações Logicamente

Quando conheci Mary, perguntei a ela o seguinte:

"Então, onde começamos a encontrar boas ações para investir?"

Ela respondeu com uma pergunta: "Quais características você acha que procuramos em uma ótima ação?"

"Bem", respondi, "se estou procurando por excelentes ações, quero que elas tenham as seguintes qualidades":

1. _____

2. _____

3. _____

4. _____

5. _____

"Essas são as características que procuro", concluí.

7 Segredos para Investir como Warren Buffett

Agora, pare por um instante antes de preencher os espaços em branco. Lembre-se de pensar em termos de negócios. Se você fosse investir em um negócio, em que tipo de negócio você desejaria investir?

Quais características você procuraria?

Agora, escreva ao menos cinco características antes de comparar as anotações.

Este é um exercício extremamente importante em seu caminho para o sucesso no investimento em valor. Nos capítulos subsequentes, abordaremos alguns dos principais critérios que devemos examinar, mas, por enquanto, tente sugerir ideias próprias para avaliar sua mentalidade como investidor de negócios.

Você escreveu pelo menos cinco características? Caso tenha feito, bom trabalho!

Agora, vamos prosseguir nossa conversa com Mary.

"Bom, se eu procuro por boas ações, quero que elas sejam de empresas que têm as seguintes qualidades:

1. Negócio lucrativo;

2. Muitos clientes fiéis;

3. Estar sempre à frente das tendências;

4. Ser líder de mercado;

5. Ter bom potencial de crescimento.

"Essas são as características que eu procuro", respondi.

"Certo!" respondeu Mary. "E onde você acha que podemos encontrar boas ações que tenham essas características?", ela perguntou.

Como Começar a Encontrar Investimentos em Ações?

"Bem", eu disse, "eis alguns dos possíveis lugares":

1. _____

2. _____

3. _____

4. _____

5. _____

Agora, ok! É hora de pensar novamente. Este é um livro que lhe dá respostas. Queremos ajudá-lo a se tornar um bom investidor e a pensar por si próprio. Dadas as características que listamos anteriormente, o que fazer para poder encontrar, de maneira lógica, empresas assim?

Siga em frente; use sua imaginação e preencha os espaços em branco com cinco ideias.

Aqui estão cinco possíveis respostas:

1. Visitar shoppings para ver quais lojas têm muitos clientes;

2. Observar quais itens você precisa comprar regularmente e determinar de quais companhias você compraria;

3. Pesquisar no Google as companhias com as marcas mais bem avaliadas;

4. Conferir no que os investidores experientes estão investindo;

5. Usar filtros de investimento.

Mary exclamou com alegria: "Isso! Ideias fantásticas! Nós fazemos isso o tempo todo."

"Jura? Vocês fazem isso?", perguntei.

"Sim, fazemos. Por que não? É o mais lógico, não é?"

7 Segredos para Investir como Warren Buffett

Nos capítulos seguintes, exploraremos várias maneiras de procurar ideias de ações que podemos usar para construir nosso portfólio.

Observe que embora sua lista de ideias possa não ser exaustiva — a nossa certamente não é — algumas delas podem se revelar bastante engenhosas.

Uma de suas sugestões pode colocá-lo em vantagem enquanto investidor. Se for o caso, eu espero que você a compartilhe comigo, então poderei adicioná-la a meu próprio arsenal.

CAPÍTULO 11

Círculo de Competência

O primeiro e importante passo que um investidor deve dar é determinar onde investir. Warren chama isso de círculo de competência.

Temos aqui um excerto de uma carta de 1996 aos acionistas da Berkshire Hathaway:

> *Você deve escolher... para construir seu próprio port-fólio, há alguns aspectos que vale a pena lembrar. O investimento inteligente não é complexo, embora com isso se esteja longe de dizer que é fácil. O que um investidor precisa é de capacidade para avaliar corretamente as empresas selecionadas. Preste atenção na palavra "selecionadas": você não precisa ser um especialista em todas as companhias, ou mesmo em várias. Você só precisa ser capaz de avaliar companhias de seu círculo de competência. O tamanho desse círculo não é importante; conhecer seus limites, no entanto, é vital.*

Você pode achar que isso é um pouco limitado em termos de foco, mas eu gostaria de lembrar que você, como investidor, está comprando uma empresa. Portanto, é importante que você compre o que entende e o que lhe interessa.

Uma vez que você está gastando ou ganhando dinheiro com uma empresa, precisará ter alguma ideia de como ela funciona.

Warren Buffett evita empresas que estão fora de seu círculo de competência. Ele disse uma vez: "Se não conseguimos encontrar nada em nosso círculo de competência, não expandimos o círculo. Esperamos."

Isso não quer dizer que não precisamos aprender sobre negócios que não entendemos. Pelo contrário, é um aviso para não nos apressarmos em algo que não compreendemos só porque as empresas cujos negócios entendemos não estão obtendo um preço de venda dentro da razoabilidade.

Encontrando Empresas Em Seu Círculo De Competência

Vamos começar por algumas empresas que você conhece. Comece com o seguinte exercício:

Liste os nomes das empresas com as quais você ganha dinheiro (Pode ser sua empresa e a empresa de seus clientes).

_____

_____

_____

_____

Liste as empresas nas quais você gasta seu dinheiro. (Se você acompanha as contas do cartão de crédito ou seus débitos em conta corrente bancária, anote-os e veja para onde seu dinheiro está indo mês a mês. Essas empresas têm ao menos um cliente fiel — VOCÊ!)

_____

_____

_____

_____

Círculo de Competência

Agora, liste algumas de suas áreas de especialização. Podem ser seus talentos — por exemplo, exercícios, canto, culinária, programação de computador, investimento, ensino.

_____

_____

_____

_____

Por fim, liste algumas coisas que lhe inspirem interesse e paixão. Podem ser hobbies ou um assunto específico que você queira aprender mais.

_____

_____

_____

_____

Quando tiver tudo isso listado, procure interseções entre as coisas em que você gasta/ganha dinheiro e seus talentos e paixões. Pode ser algo como:

_____

_____

_____

_____

7 Segredos para Investir como Warren Buffett

Este é um exemplo possível:

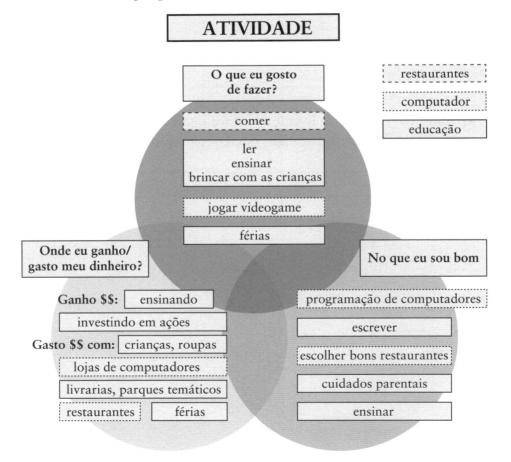

Círculo de Competência

A seguir, um diagrama em branco para você encontrar seu próprio ponto ideal. Caso tenha alguma dificuldade em se posicionar, incluímos uma lista de setores e atividades no intuito de ajudá-lo a encontrar algumas ideias.

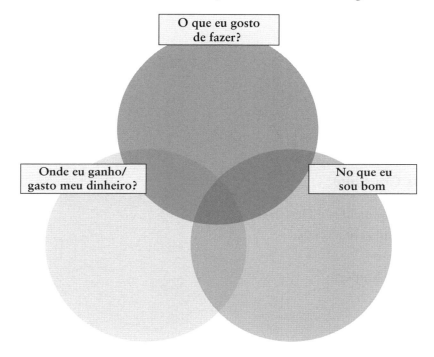

Eis alguns setores e atividades possíveis. Você pode circular aqueles que lhe são familiares e se concentrar neles.

Materiais Básicos

Produtos químicos agrícolas;
Alumínio;
Químicos diversos;
Cobre;
Ouro;
Petróleo e Gás — exploração e produção;
Petróleo e Gás — equipamentos e serviços;

Metais e minerais industriais;
Mineração de minerais não-metálicos;
Prata.

Utilidade Pública

Utilidades diversificadas;
Energia elétrica;
Gás;
Água e saneamento.

Bens de Consumo

Bebidas — Vinícolas e Destilarias;
Equipamentos comerciais;
Cigarros;
Produtos de limpeza;
Confeitarias;
Laticínios;
Equipamentos eletrônicos;
Produtos agrícolas;
Alimentação — diversos;
Móveis e utensílios domésticos;
Utilidades domésticas e acessórios;
Carne;
Material de escritório;
Embalagens e caixas;
Papel e papelaria;
Produtos de uso pessoal;
Equipamentos e suprimentos fotográficos;
Bens processados e embalados;
Artigos de recreação;

Círculo de Competência

Veículos de passeio;
Borracha e plásticos;
Artigos esportivos;
Têxtil — acessórios e vestuário;
Têxtil — calçados e acessórios;
Produtos do tabaco;
Brinquedos e games;
Caminhões e outros veículos.

Saúde

Biotecnologia;
Insumos para diagnósticos;
Distribuição de medicamentos;
Indústria farmacêutica — principais;
Indústria farmacêutica — outros;
Produtos relacionados a medicamentos;
Medicamentos — genéricos;
Planos de Saúde;
Serviços de atendimento domiciliar (Home Care);
Hospitais;
Instalações de longa permanência;
Aparelhos e equipamentos médicos;
Instrumentos e suprimentos médicos;
Laboratórios de pesquisa médica;
Serviços médicos;
Serviços de saúde especializados.

Financeiro

Seguros de saúde e de acidentes;
Gestão de ativos;

7 Segredos para Investir como Warren Buffett

Serviços de crédito;
Investimentos diversificados;
Serviços bancários de comércio exterior;
Corretagem;
Seguro de Vida;
Hipotecas;
Seguro de propriedades;
Gestão de propriedade;
Desenvolvimento Imobiliário;
Investimento Imobiliário — diversificado;
Investimento Imobiliário — instalações de cuidado com a saúde;
Investimento Imobiliário — Hotel/Motel;
Investimento Imobiliário — instalações industriais;
Investimento Imobiliário — escritórios;
Investimento Imobiliário — Residencial;
Investimento Imobiliário — varejo;
Bancos regionais;
Instituições de poupança;
Seguridade e apólices de seguro.

Bens Industriais

Aeroespacial e defesa — diversificados;
Produtos e serviços aeroespaciais/defesa;
Cimento;
Maquinaria diversificada;
Maquinário agrícola e de construção;
Materiais gerais de construção;
Construção pesada;
Equipamento elétrico industrial;
Componentes e equipamentos industriais;
Produção e exploração de madeira;

Círculo de Competência

Máquinas-ferramenta e acessórios;
Casas pré-fabricadas;
Metalurgia;
Controles e tratamento de poluentes;
Construção residencial;
Pequenas ferramentas e acessórios;
Indústria têxtil;
Gestão de resíduos.

Tecnologia

Software — aplicativos;
Software e serviços para negócios;
Equipamentos de comunicação;
Periféricos de computador;
Dispositivos de armazenamento de dados;
Serviços de comunicação diversificados;
Sistemas computacionais diversificados;
Eletrônicos diversificados;
Serviços de informação em saúde;
Serviços de informação e entregas;
Serviços de tecnologia da informação;
Provedores de informações da internet;
Provedores de serviços de internet;
Serviços e softwares de internet;
Operadoras de longa distância;
Software de gráficos e multimídia;
Dispositivos de rede e comunicação;
Computadores pessoais;
Placas de circuito impresso;
Sistemas e produtos de processamento;
Instrumentos técnicos e científicos;

Software e serviços de segurança;

Semicondutores — linha geral;

Semicondutores — equipamentos e materiais;

Semicondutores — circuitos integrados;

Semicondutores — especializados;

Softwares técnicos e de sistemas;

Serviços de telecomunicação — domésticos;

Serviços de telecomunicação — estrangeiros;

Comunicações sem fio.

Serviços

Agências de propaganda;

Serviços de entrega e fretamento aéreo;

Serviços aéreos;

Lojas de roupas;

Concessionárias de automóveis;

Lojas de peças de automóveis;

Venda de autopeças no atacado;

Matérias Básicos — atacado;

Radiodifusão;

Transmissão — TV;

Material de construção — atacado;

Serviços para empresas;

Vendas por catálogos e por correio;

Sistemas de CATV;

Computadores — atacado;

Serviços ao consumidor;

Lojas de departamento;

Lojas de variedades, descontos;

Atacadista de medicamentos;

Drogarias;

Círculo de Competência

Serviços de educação e treinamento;
Lojas de eletrônicos;
Eletrônicos — atacado;
Entretenimento — diversificado;
Alimentos — atacado;
Jogos — atividades;
Entretenimento em geral;
Mercearias;
Lojas de ferramentas;
Atacado de equipamentos industriais;
Joalheria;
Alojamento;
Serviços de gestão;
Serviços de marketing;
Equipamentos médicos — atacado;
Produção cinematográfica, cinemas;
Lojas de música e vídeo;
Serviços pessoais;
Editoras — livros;
Editoras — jornais;
Editoras — periódicos;
Ferrovias;
Linhas aéreas regionais;
Serviços de locação e arrendamento;
Serviços de pesquisa;
Resorts;
Restaurantes;
Serviços de proteção e segurança;
Remessas;
Restaurantes especializados;
Varejo especializado;
Atividades esportivas;

Lojas de materiais esportivos;

Serviços de pessoal e terceirização;

Serviços técnicos;

Lojas de brinquedos;

Transporte por caminhões;

CONCLUSÃO

É realmente importante saber quais áreas você deve procurar antes de começar a investir. Se tentamos ser bons em tudo, é provável que sejamos medíocres em muitas coisas.

Portanto, anote ao menos três áreas ou segmentos em que você tem real interesse. Nos próximos capítulos, trataremos de maneiras de procurar ideias de ações que se encaixem em nosso círculo de competência.

CAPÍTULO 12

Sites financeiros

Enquanto Mary e eu estamos escrevendo este capítulo, temos certeza de que novos sites financeiros estão sendo criados e suspeitamos que eles sejam os sites que utilizaremos a seguir, quando pesquisarmos nossos possíveis investimentos.

No entanto, neste momento, a lista a seguir contém os nomes dos sites que usamos atualmente para encontrar ideias sobre ações [conteúdo em inglês].

Marque-os como favoritos e faça atualizações constantes:

1. Yahoo! Finance: http://finance.yahoo.com/

   Verificamos que o Yahoo! Finance publica as notícias na área de finanças com rapidez. Sempre que tiver um tempo, vá ao site e leia as notícias em destaque. Para nós, interessará... bem... o que nos interessa, na verdade, são as más notícias.

   A razão para isso é que, quando as notícias a respeito de uma companhia são ruins, a cotação de suas ações provavelmente cairá, porque as pessoas tendem a reagir exageradamente. Queremos encontrar empresas que tenham enfrentado problemas temporários que não afetarão nossos modelos de negócios dramaticamente, e comprar ações dessas empresas quando elas estiverem subvalorizadas.

7 Segredos para Investir como Warren Buffett

2. Seeking Alpha: https://seekingalpha.com/)

Seeking Alpha é uma plataforma que permite que colaboradores de todas as partes do mundo compartilhem suas opiniões sobre investimentos em ações.

Muitos entusiastas do investimento contribuem com suas ideias diariamente, e você pode facilmente encontrar informações que não encontraria em outros lugares. Seeking Alpha é um ótimo lugar para buscar ideias para investimentos.

No entanto, você precisa diferenciar opiniões de fatos, porque as opiniões tendem a ser extremamente subjetivas.

3. Buffett Online School: https://www.facebook.com/buffettonlineschoolglobal/

Essa é nossa página no Facebook e compartilhamos constantemente vídeos e artigos de investimento a fim de educar o público sobre investimento em valor.

A informação é adequada para nossos investidores. Siga-nos e faça qualquer pergunta sobre investimento que lhe ocorrer.

Nossos analistas de investimento responderão semanalmente.

4. MarketWatch: www.marketwatch.com

Outro site que atualiza regularmente as notícias que publica é o "MarketWatch".

Nele há, também, uma bolsa de valores virtual para que você possa praticar amplamente antes de mergulhar no mercado real. Uma observação: MarketWatch é muito centrado nos Estados Unidos.

Sites financeiros

5. *The Wall Street Journal*: www.wsj.com/

   Esse site fornece informações financeiras sobre ações no mundo todo. Pesquise ações individuais na caixa de busca, e você receberá quatro anos de dados financeiros momentos depois.

6. GuruFocus: www.gurufocus.com

   Este site acompanha o portfólio de investimentos de alguns dos investidores mais famosos do mundo, e tem muitos artigos interessantes que também se relacionam ao investimento em valor.

7. The Motley Fool: www.fool.com

   O Motley Fool é um site de consultoria de ações que fornece opiniões além dos dados financeiros, incluindo informações úteis sobre o potencial de negócios e a cultura da empresa.

Esses sites serão úteis assim que você terminar de ler este livro e começar a examinar e avaliar as empresas como possíveis investimentos.

CAPÍTULO 13

Rastreando o Homem mais Rico

Você já pensou em como as pessoas mais ricas da Terra constroem sua riqueza? Muitas delas são empreendedores ou investidores. Por exemplo, Jeff Bezos chegou ao topo da lista das pessoas mais ricas da Forbes graças às suas ações da Amazon, e Mark Zuckerberg por suas ações do Facebook. Não seria bom se pudéssemos ter alguns desses brilhantes homens de negócios construindo nossa riqueza?

O interessante é que muitos deles gentilmente listaram suas empresas na bolsa de valores e podemos investir nelas e aproveitar sua capacidade de criação de riqueza. Essa é uma das maneiras pelas quais procuramos boas ideias para investir em ações.

Ao pesquisar no Google pelos "Mais ricos da *Forbes*", poderemos ver a lista das pessoas mais ricas do planeta e ler sobre como eles formaram suas fortunas. É provável que vejamos, com certa regularidade, alguns desses nomes e suas fontes de riqueza na lista:

1. Bill Gates (Microsoft);

2. Warren Buffett (Berkshire Hathaway);

3. Larry Page (Google);

4. Larry Ellison (Oracle);

5. Família Walton (Walmart).

7 Segredos para Investir como Warren Buffett

Você deve ter percebido que a maioria das empresas está disponível para investimento no mercado de ações. Então vá em frente e faça sua própria pesquisa na lista mais recente. Percorra a lista e você encontrará muitas ideias de investimentos.

CAPÍTULO 14

As melhores empresas

No capítulo anterior, dissemos que uma das maneiras de se obter ideias de investimentos é procurar a lista das pessoas mais ricas e suas fontes de riqueza. Outra maneira é olhar para as empresas que possuem uma boa cultura de trabalho.

Afinal, grandes empresas são ótimas por causa das pessoas que trabalham nelas. Por isso, é uma boa ideia investir em empresas nas quais os funcionários se sentem felizes.

Para obter uma lista dessas empresas, podemos visitar as páginas Fortune ou Glassdoor. Esses sites classificam anualmente as empresas com base na satisfação dos funcionários. De acordo com nossa pesquisa de 22 de maio de 2019, eis algumas empresas classificadas entre as 100 melhores no ranking das "Melhores Empresas para se Trabalhar" da Fortune e "Melhores Lugares para Trabalhar: Escolha dos Empregados" da Glassdoor:

1. Salesforce (classificada como 11º no ranking da Glassdoor e 2º no de Fortune);

2. Cisco (classificada como 69º no ranking da Glassdoor e 6º no da Fortune);

3. Intuit (classificada como 38º no ranking da Glassdoor e 24º no da Fortune).

7 Segredos para Investir como Warren Buffett

Esses são bons lugares para listar empresas sobre as quais podemos querer pesquisar mais depois. Então, vá em frente, abra seu navegador e comece a pesquisar pela lista mais recente. Você pode ser agradavelmente surpreendido com o que encontrar.

CAPÍTULO 15

Centro de Compras

Sabe-se que Warren Buffett disse que prefere procurar ações na Main Street em vez de em Wall Street. Algumas de suas principais participações incluem Kraft, Coca-Cola, American Express e Wells Fargo & Company. E adivinhe como ele teve a ideia de investir em ações dessas empresas.

A resposta: Ele é um cliente dessas empresas.

No capítulo 11, discutimos a noção de círculo de competência e como encontrar empresas para investir. Se você gosta de fazer compras, pode facilmente encontrar algumas boas empresas, como Warren.

Mesmo se você não gosta de fazer compras, ainda pode identificar bons negócios prestando mais atenção ao seguinte:

1. Quais lojas têm mais clientes e existem a mais tempo?

7 Segredos para Investir como Warren Buffett

2. Quais produtos e serviços são mais populares e estão crescendo?

_____

_____

_____

_____

_____

_____

_____

3. Quais necessidades fazem as pessoas comprarem mais e mais regularmente?

_____

_____

_____

_____

_____

_____

4. Quais produtos os supermercados devem pôr à venda?

_____

_____

_____

_____

_____

_____

Centro de Compras

5. Quais produtos as grandes lojas de varejo devem pôr à venda?

_____

_____

_____

_____

_____

_____

_____

Se você olhar as cinco listas que fez, deverá encontrar algumas das companhias que você quer investir. Caso isso ocorra, vá aos sites financeiros apresentados no capítulo 12 e procure as empresas para ver se elas têm as qualificações que você espera para investir nelas.

CAPÍTULO 16

Melhores investidores em valor

Neste capítulo, você aprenderá uma das maneiras mais diretas e úteis para encontrar ideias de ações: olhar os portfólios dos melhores investidores em valor do mundo. O importante aqui é rastrear apenas investidores em valor. A razão para isso é que, diferentemente dos investidores de curto prazo, que compram e vendem regularmente, os investidores em valor mantêm suas carteiras por anos.

Além disso, a tentativa de rastrear os investidores de curto prazo é inútil, porque suas carteiras mudam tão rápida e drasticamente que não dá para se obter delas informações significativas em termos de pesquisa.

Neste capítulo, apresentaremos alguns dos melhores investidores em valor que você pode seguir. Para pesquisar seus portfólios, basta pesquisar no Google "nome do investidor + portfólio".

A seguir, é apresentada uma lista de alguns dos maiores investidores do mundo.

7 Segredos para Investir como Warren Buffett

1. Warren Buffett

Warren Buffett é o presidente e CEO da Berkshire Hathaway. Em março de 2019, as cinco maiores participações acionárias em seu portfólio eram:

Ação nº	Sigla	Companhia	Setor de atividade
1	AAPL	Apple Inc.	Eletrônicos
2	BAC	Bank of America	Banco
3	WFC	Wells Fargo &Co.	Banco
4	KO	Coca-Cola Co.	Bebidas — não alcoólicas
5	AXP	American Express Co.	Serviços de crédito

2. Howard Marks

Howard Marks ajudou a fundar a Oaktree Capital Management em 1995. Antes disso, ele atuou como diretor de investimentos em renda fixa doméstica no TCW Group, Inc., supervisionando operações de "distressed debt" [valores mobiliários de empresas em situação falimentar ou pré-falimentar], títulos de alto rendimento [porque têm maior risco de inadimplência] e investimentos em títulos conversíveis.

Em março de 2019, as cinco maiores participações acionárias em seu portfólio eram:

Ação nº	Sigla	Companhia	Setor de atividade
1	VST	Vistra Energy Corp.	Serviços públicos
2	TRMD	Torm PLC	Indústria
3	SBLK	Star Bulk Carriers Corp.	Transporte e logística
4	ALLY	Ally Financial Inc.	Bancos
5	TSM	Taiwan Semiconductor	Semicondutores

Melhores investidores em valor

3. Joel Greenblatt

Joel Greenblatt dirige a Gotham Asset Management junto com seu sócio Robert Goldstein. Ele é professor adjunto da Universidade de Columbia e autor de dois bons livros: Mercado de Ações ao seu Alcance e You Can Be a Stock Market Genius ["Você Pode Ser um Gênio do Mercado de Ações", em tradução livre].

Ele é uma lenda do investimento que usa uma estratégia que chamou de Fórmula Mágica para gerar retornos anualizados de 30% ou mais, após o lançamento da Gotham em 1985.

Em março de 2019, as cinco maiores participações acionárias em seu portfólio eram:

Ação nº	Sigla	Companhia	Setor de atividade
1	HON	Honeywell International Inc.	Diversas indústrias
2	VZ	Verizon Communications Inc.	Serviços de telecomunicação
3	AAPL	Apple Inc.	Eletrônicos
4	MO	Altria Group Inc.	Tabaco
5	PYPL	PayPal Holdings Inc.	Serviços de crédito

7 Segredos para Investir como Warren Buffett

4. Seth Klarman

Seth Klarman é um icônico gestor de fundos de hedge e especialista em investimento em valor.

Em março de 2019, as cinco principais ações com maior peso em seu portfólio eram:

Ação nº	Sigla	Companhia	Setor de atividade
1	FOX	Twenty-First Century Fox Inc.	Entretenimento
2	LNG	Cheniere Energy Inc.	Petróleo e gás — Midstream
3	VSAT	Viasat Inc.	Equipamento de comunicação
4	QRVO	Qorvo Inc.	Semicondutores
5	AGN	Allergan PLC	Fabricantes de medicamentos — especialidades e genéricos

5. Mario Gabelli

Mario Gabelli gerencia a GAMCO Investors desde o início, em 1986. Ele foi nomeado Gerente de Fundos do Ano pela Morningstar, em 1997, e Gerente de Dinheiro do Ano do Investidor Institucional, em 2010.

Em março de 2019, as cinco maiores participações acionárias em seu portfólio eram:

Ação nº	Sigla	Companhia	Setor de atividade
1	MSG	The Madison Square Garden Co.	Lazer
2	SNE	Sony Corp.	Eletrônicos
3	BK	Bank of New York Mellon Corp.	Gestão de ativos

Melhores investidores em valor

Ação nº	Sigla	Companhia	Setor de atividade
4	RHP	Ryman Hospitality Properties Inc.	REIT — Hotel & Motel
5	FOX	Twenty-First Century Fox Inc.	Entretenimento

6. Glenn Greenberg

Glenn Greenberg foi cofundador da Chieftain Capital com John Shapiro em 1984. No fim de 2009, a dupla se separou devido a conflitos pessoais e Greenberg permaneceu na empresa, renomeando-a como Brave Warrior Advisors.

Em março de 2019, as cinco principais ações com maior peso em seu portfólio eram:

Ação nº	Sigla	Companhia	Setor de atividade
1	GOOGL	Alphabet Inc.	Conteúdo de internet e informação
2	ADS	Alliance Data Systems Corp.	Serviços de crédito
3	SCHW	Charles Schwab Corp.	Mercado de capitais
4	JPM	JPMorgan Chase &Co.	Bancos
5	RJF	Raymond James Financial Inc.	Mercado de capitais

7 Segredos para Investir como Warren Buffett

7. Thomas S. Gayner

Thomas S. Gayner é chefe da Markel Gayner Asset Management (divisão de investimentos da Markel) desde 1990. A Markel tem sido chamada de mini Berkshire Hathaway.

Até a data de publicação deste livro nos EUA, em março de 2019, as cinco principais ações com maior peso em seu portfólio eram:

Ação nº	Sigla	Companhia	Setor de atividade
1	BRK.A	Berkshire Hathaway Inc.	Seguro
2	KMX	CarMax Inc.	Automóveis
3	BAM	Brookfield Asset Management Inc.	Serviços imobiliários
4	DIS	Walt Disney Co.	Entretenimento
5	DEO	Diageo PLC	Bebidas — vinícolas e destilarias

CONCLUSÃO

Podemos literalmente encontrar informações sobre o que os melhores investidores em valor do mundo estão fazendo e obter ideias de suas ações. É quase como se os melhores investidores em valor trabalhassem para nós, para nos ajudar a construir nossos portfólios. Nosso site também rastreia constantemente os últimos movimentos e ações desses melhores investidores em valor: www.buffettonlineschool.com.

SEGREDO 4

FOSSOS ECONÔMICOS

CAPÍTULO 17

O que é um Fosso Econômico?

Antes de me tornar um investidor em tempo integral, eu era militar.

Após alguma reflexão, percebe-se que há muitas estratégias militares que podem ser adaptadas para uso em investimentos.

Quando eu estava no treinamento na escola de oficiais, aprendi uma importante lição que aplico para investir. Estávamos fazendo um exercício militar no qual uma equipe deveria localizar e eliminar uma outra usando armas que simulavam disparar lasers. Era nossa primeira missão, cujo líder era nosso companheiro Alfred. A empolgação era geral. (Enquanto nos escondíamos de nossos inimigos, conversávamos sussurrando).

"É isso aí! Vamos acabar com eles! Vamos em frente" — Alfred ordenou com confiança.

Preparamos nossas armas e ao começarmos a nos mover nosso oficial levantou a palma da mão para sinalizar uma parada.

"Onde você pensa que seus homens estão indo?", ele disse.

"Eliminar o outro time, senhor!" — respondeu Alfred, sem hesitar.

"E como você acha que vocês vão eliminá-los?", continuou nosso oficial.

"Bem… atirando neles?" disse Alfred, claramente confuso, como todos nós, pela pergunta do oficial

7 Segredos para Investir como Warren Buffett

"Há apenas 50% de chance de que, caso saiam agora, vocês possam eliminar seus inimigos. Além disso, mesmo que sua equipe vença, muitos de seus homens morrerão", explicou nosso oficial com firmeza.

Nós estávamos ficando mais confusos a cada momento. Afinal, ferir-se ou morrer não faz parte da batalha?

"Vocês podem me dizer o que faz vocês terem tanta certeza de que podem derrotar o outro time? Quantos soldados vocês têm e quantos eles têm?", perguntou nosso oficial.

"Nós temos sete em nosso time e eles têm sete no deles, senhor!", respondeu Alfred.

"Então vocês estão indo lá fora, lutar contra eles sem nenhuma vantagem?" Nosso oficial parecia estar perplexo.

"Senhor, nós somos fortes e rápidos!", opinou Edwin, um dos componentes de nossa equipe.

"E é isso que eles vão pensar também", replicou nosso oficial.

Vendo que estávamos confusos, nos mandou sentar e explicou: "Na guerra, não podemos ir para a batalha sem estar muito confiantes de vencer. Seria o equivalente de enviarmos nossas tropas para uma missão suicida.

"Sempre que vamos enfrentar os inimigos, precisamos garantir que temos mais tropas, ao menos três vezes o número de soldados deles, antes de combater. Isso nos dará uma vantagem e aumentará significativamente nossas chances de vencer. Vocês entenderam?"

"Sim, senhor!", respondemos.

"Mas, nesse caso, há sete homens de cada lado, então, não há como termos uma vantagem óbvia", eu disse.

"Além de mais tropas, quais outras maneiras podem nos dar uma vantagem sobre a outra equipe? Usem seus cérebros antes de começarem a correr em campo aberto e se matarem", desafiou nosso oficial.

O que é um Fosso Econômico?

Começamos a debater e as ideias fluíram à medida que nos recordávamos das palestras de nossos oficiais.

"O que vocês pensaram até agora?", perguntou o oficial depois de um tempo.

"Senhor, uma maneira de obter vantagem é usar o terreno", respondeu Firdaus, outro companheiro. "Podemos combatê-los no topo de uma colina, forçando-os a ficar lá embaixo. É muito mais difícil lutar morro acima e, no alto, poderemos vê-los muito melhor do que eles podem nos ver."

"Excelente exemplo de como ganhar vantagem!", exclamou nosso oficial. "Infelizmente, como você pode ver, a colina mais próxima fica a mais de 3km e será difícil atrair o inimigo para lá. Mas foi bem pensado." Nosso oficial assentiu em reconhecimento." "Alguma outra ideia?"

"Senhor, outra maneira é pedir para a artilharia abrir fogo sobre eles antes de começarmos. Dessa forma, eles já estarão feridos e alguns deles podem até ter sido mortos. Então, teremos uma vantagem maior", disse Kevin.

"Boa! No entanto, não temos a artilharia nos apoiando nesta luta. Continuem buscando outras ideias!" O oficial pareceu satisfeito.

Depois de certa discussão, decidimos emboscar a outra equipe. (Observe que toda essa conversa levou menos de cinco minutos… Não quero que você pense que passamos uma hora discutindo.)

"Se tivermos êxito em emboscá-los, nos escondendo na curva em que prevemos que eles passarão, não apenas podemos obter uma vantagem para surpreendê-los, mas também teremos uma melhor cobertura na luta." Alfred apresentou nossos planos ao oficial.

Mesmo com o rosto camuflado, nosso oficial não conseguiu esconder o sorriso. Ele levantou o polegar e começamos a agir. Silenciosamente nos mudamos para o local, nos escondemos e esperamos o inimigo se aproximar. Decorridos 15 minutos, eles surgiram lá.

7 Segredos para Investir como Warren Buffett

"Fogo!", gritou Alfred, e atiramos sem piedade contra nossos inimigos. Antes que qualquer um deles pudesse reagir ou localizar onde nos ocultávamos, fomos dizimando toda a tropa deles sem que nenhum de nossos colegas de equipe fosse ferido ou morto, exceto Alfred, que passou a ter dor de garganta de tanto gritar os comandos de combate.

A principal lição que tiramos naquele dia foi sempre ter uma vantagem em uma luta.

O Fosso Econômico: Uma Vantagem No Mundo Dos Negócios

Costumamos aplicar a estratégia de buscar vantagem no mundo dos investimentos. Tentamos investir apenas em empresas com vantagem sobre seus concorrentes. Warren Buffett gosta de explicar essa vantagem metaforicamente, usando a analogia de um fosso ao redor de um castelo para garantir que você tenha proteção extra.

Ele chama isso de Fosso Econômico.

Imagine uma empresa como sendo um castelo. Uma das maneiras pelas quais o castelo pode sobreviver a ataques é ter um fosso ao redor. Quanto mais profundo e largo o fosso, menos vulnerável o castelo estará quando for atacado.

Um castelo cercado por um fosso é semelhante a uma empresa que possui uma vantagem competitiva durável que lhe possibilita atrair e reter clientes de maneira consistente.

Isso permite que a empresa obtenha lucros excepcionais quando os tempos são bons e que continue a fazê-lo, mesmo quando os tempos estão ruins. Ter esse fosso permite aumentar seus preços e reter seus clientes.

As empresas sem um Fosso Econômico terão que batalhar muito em tempos difíceis. Em consequência, algumas delas acabam falindo.

O que é um Fosso Econômico?

Quando a economia melhora, as empresas com Fosso Econômico obtêm lucros ainda maiores porque muitos de seus rivais foram eliminados.

IDENTIFICANDO OS FOSSOS

Para identificar se uma empresa tem uma vantagem competitiva durável, responda estas cinco questões:

As Cinco Questões

1. Qual é o valor (produtos/serviços) oferecido por esta empresa?

2. Esse valor é oferecido por mais alguém?

3. Escolherei obter esse valor desta empresa ou de alguma outra?

4. Por que eu preferiria obter esse valor desta empresa e não de outras?

5. Os motivos que você encontrou na questão quatro são sustentáveis a longo prazo?

Nos capítulos seguintes, examinaremos diferentes tipos de Fossos Econômicos para diferenciar as empresas fortes das fracas.

CAPÍTULO 18

Branding

Quais marcas lhe vêm imediatamente à mente quando os seguintes produtos são mencionados?

Refrigerantes;

Fraldas;

Cuidados com bebês;

Fast Food;

Móveis;

Jornais.

Eu gasto meu dinheiro frequentemente com esses itens; eles formam meu círculo de competência. A maioria das pessoas pensa em Coca-Cola ou Pepsi quando se trata de refrigerantes, Pampers, quando fraldas são mencionadas, e Johnson & Johnson para produtos de cuidados com bebês. De fato, a marca Pampers nos EUA é tão forte que os norte-americanos costumam dizer que precisam comprar mais Pampers em vez de mais fraldas. Essas empresas nos condicionaram a associar imediatamente um produto específico a uma marca.

Também nos EUA, a primeira marca na qual a maioria das pessoas pensa quando precisam comprar móveis é a IKEA. Note que eu digo a maioria das pessoas, porque sempre haverá consumidores que não aprovam as marcas mencionadas acima. Mesmo assim, é difícil não pensar nelas em relação a um determinado produto. Essas empresas construíram suas marcas com tanta força que elas têm um lugar cativo na mente das pessoas.

É provável que empresas com marcas fortes detenham uma vantagem competitiva durável.

Algumas empresas conseguem diferenciar seus produtos e serviços em relação aos concorrentes de maneira impressionante. Mesmo sendo competitivas em um determinado segmento, seus produtos e serviços têm uma forma de se destacar na multidão.

Um bom exemplo disso é o iPhone. O iPhone não é um telefone qualquer. Ele tem características e qualidades com as quais as pessoas desejam se associar. É mais do que apenas um telefone.

Outro exemplo no mercado norte-americano é o KFC. Naquele país, quando alguém quer comprar frango frito, o KFC se destaca como a marca que leva consumidores famintos às suas lanchonetes.

No entanto, ter uma marca forte não é o suficiente para garantir uma vantagem competitiva durável. Ela precisa ser traduzida em lucros. Mesmo que *Pampers* ou *Kodak* surjam em sua cabeça quando falamos sobre fraldas ou câmeras, talvez não compremos essas marcas em particular. Uma maneira de checar se uma marca possui uma vantagem competitiva é se perguntar se a empresa consegue precificar seus produtos em níveis superiores aos de seus competidores.

Observemos a Nike. A identidade de marca superior que a empresa ostenta permite a ela comercializar seus produtos a preços maiores do que seus concorrentes e, ainda assim, continuar atraindo consumidores. Você sabia que os hambúrgueres do Burger King ou do McDonald's custam muito mais do que hambúrgueres de outras marcas?

Branding

A Complexidade De Segmentos Que Necessitam de Constante Inovação

Precisamos conseguir identificar empresas capazes de proteger a diferenciação de seus produtos por meio da marca ou por meios legais. Portanto, a diferenciação do produto é um bom ponto de partida quando você está procurando uma empresa para investir. Em nosso mundo high-tech, a exclusividade de um produto pode ser rapidamente comprometida quando os concorrentes criam suas versões de um produto após as marcas líderes.

Se acharmos que uma empresa na qual estamos pensando comprar precisa inovar constantemente para sobreviver, precisamos ser cuidadosos. Essas empresas podem não ter um grande fosso.

O que procuramos são empresas com produtos e serviços que não requerem muita pesquisa e desenvolvimento. Não significa que a empresa não deva investir pesado em P&D, mas queremos evitar empresas que *exijam* P&D para sobreviver.

Vamos revisitar o exemplo do iPhone e do KFC. Mesmo que o iPhone seja um produto único e excepcional neste momento, precisamos perceber que os líderes desse setor podem mudar rapidamente quando produtos mais inovadores são desenvolvidos.

A Samsung, por exemplo, é uma líder de mercado que está em competição com o iPhone. Embora o iPhone tenha muitos clientes fiéis, muitas pessoas estarão prontas a embarcar e experimentar o telefone de outra companhia que ofereça recursos novos e inovadores.

O KFC, por outro lado, demanda pouca ou nenhuma inovação para sobreviver. Sua receita de lamber os dedos permanece inalterada, apesar do desenvolvimento de novos produtos que têm sido introduzidos de tempos em tempos — sabores diferentes de frangos, batatas fritas e saladas, por exemplo. Alguns produtos novos permaneceram no menu devido à sua popularidade, enquanto outros tiveram vida curta.

7 Segredos para Investir como Warren Buffett

Mas tais novos produtos são complementos que ajudam a empresa a aumentar seus lucros em vez de determinar sua sobrevivência. Muitos dos clientes do KFC vêm pelo frango frito cuja receita tem mais de 100 anos de idade. O KFC tem uma vantagem competitiva mais durável, em termos de inovação de produto, do que o iPhone.

CAPÍTULO 19

Economia de Escala

Algumas empresas são tão grandes e tão eficientes que podem minar os preços de seus concorrentes de forma consistente. Essas empresas possuem o que chamamos de economia de escala.

Por causa de sua larga escala operacional, na produção e na compra, o custo da produção é menor do que o de seus concorrentes. Essas companhias podem baixar confortavelmente seus preços em um nível que seus concorrentes não podem replicar se quiserem continuar lucrativos.

Imagine que você deseja abrir uma loja de brinquedos. Você compra brinquedos de um fornecedor e os vende com um certo lucro. Uma loja de brinquedos concorrente está no mercado há anos e tem 50 lojas de venda a varejo em todo o país. Quando ambas as lojas negociam com seu fornecedor, quem você acha que é mais provável que receba um grande desconto? Você ou sua concorrente com 50 vezes mais brinquedos que você? A resposta é óbvia. Os fornecedores darão um desconto maior para seu concorrente porque eles não podem perder ou ofender um grande cliente. Como resultado, seu concorrente pode reduzir o preço a um ponto menor que o seu e tirar seus clientes.

A menos que você possa expandir seu negócio rapidamente ou procurar mais clientes para aumentar seu pedido junto ao fornecedor, não há como competir com a estratégia de preços de seu concorrente. Você terá que pensar em diferentes maneiras de atrair clientes para sobreviver no mercado.

7 Segredos para Investir como Warren Buffett

Muitos dos pequenos varejistas que não conseguem se diferenciar oferecendo produtos exclusivos podem apenas cruzar os dedos e rezar. Eles terão que permanecer em locais e ou fornecer serviços especiais para sobreviver, porque seus concorrentes têm uma vantagem competitiva duradoura conhecida como economia de escala.

A Amazon é o melhor exemplos disso nos Estados Unidos, porque têm grandes redes e enorme poder de barganha. Graças a isso pode precificar tudo, de livros a geladeiras, em patamares mais baixos que seus competidores. Ela obtém muito mais lucro, pode gastar mais em marketing e remunerar melhor seus empregados.

CAPÍTULO 20

Barreiras Legais à Entrada

Algumas companhias têm proteção legal sobre seus negócios. Isso inclui contratos legais e regulações governamentais. Um exemplo de regulação governamental é a Bolsa de Valores de Singapura. Segundo o governo, só pode haver uma bolsa de valores no país, e, portanto, ela funciona como um monopólio.

Se você quiser listar sua empresa na Bolsa de Singapura, você não tem outra escolha a não ser a Bolsa de Valores de Singapura. Já nos Estados Unidos você tem escolhas: NYSE, NASDAQ etc.

A proteção legal, como no caso de patentes, pode criar barreiras para a entrada de concorrentes. Isso é evidente na indústria farmacêutica. As empresas farmacêuticas solicitam patentes para seus produtos para proteger suas propriedades intelectuais. Durante o período de proteção de patente, os concorrentes não têm permissão para fazer, usar, vender ou importar os medicamentos protegidos sem consentimento de seu inventor. Mas patentes expiram. Uma vez que as patentes alcançam sua data de validade, torna-se legal aos competidores "copiar" essas invenções lucrativas.

Um bom exemplo é o paracetamol, um analgésico usado para o tratamento de dores leves e no combate à febre. Esse medicamento foi originalmente comercializado como "Tylenol", uma marca muito popular da Johnson & Johnson. Mas após o prazo legal de validade da patente sobre o paracetamol, marcas como o Panadol e Feverall passaram a compartilhar o mercado com o Tylenol.

7 Segredos para Investir como Warren Buffett

Portanto, embora a patente possa erguer barreiras legais para que a concorrência entre no mercado, é muito importante que a empresa use o período de proteção para construir sua marca a fim de ganhar uma posição como líder de mercado.

CAPÍTULO 21

Custos elevados de mudança

Tenho um conhecido, Dennis, que é um conquistador inveterado. É frequente ele nos apresentar uma nova namorada em um almoço ou jantar. Em poucas semanas, conhecemos uma mulher diferente.

Dennis toma cuidado para não assumir compromissos de longo prazo. *Casamento* é palavra tabu para Dennis.

Uma vez que não é casado, Dennis pode flertar e trocar de namorada de acordo com os desígnios de seu coração — ou seja, sem gerar quaisquer consequências ou custos monetários, emocionais ou sociais.

No mundo dos negócios, há produtos e serviços com os quais clientes como nós, sem saber, somos casados. Como Warren disse: "Se você vai comprar uma companhia, faça-o como se fosse casar. Para sempre."

Um exemplo é o software Microsoft Office. Se você quiser mudar para um outro, precisará de um novo pacote de software, além de todos os aplicativos de desktop associados, servidores e serviços. Isso tem seus custos.

Isso demandaria tempo e dinheiro para treinar as pessoas para usar uma nova marca de software. E um novo software pode não ser compatível com o que os clientes e as outras empresas estão usando, já que a maioria das empresas são "casadas" com o Microsoft Office.

Finalizando

Vimos quatro diferentes tipos de Fossos Econômicos: marcas, economia de escala, barreiras legais à entrada e altos custos de mudança. Você pode identificar quais vantagens competitivas duráveis cada empresa que você listou anteriormente deve ter?

Coloque suas empresas em cada uma das quatro categorias. Ao mesmo tempo, como prática extra, adicione outros possíveis negócios que você pode pensar a respeito.

1. Marca

_____

_____

_____

_____

_____

_____

_____

_____

2. Economia de Escala

_____

_____

_____

_____

_____

_____

_____

Custos elevados de mudança

3. Barreiras legais à entrada

_____

_____

_____

_____

_____

_____

_____

_____

4. Custos elevados de mudança

_____

_____

_____

_____

_____

_____

_____

_____

7 Segredos para Investir como Warren Buffett

Estes são apenas alguns exemplos de possíveis Fossos Econômicos. Antes de concluir este capítulo, há duas importantes coisas que você deve notar.

1. Fossos podem não durar para sempre.

   Até a marca mais forte pode ser ameaçada. Veja o Walmart. Embora a empresa tenha uma forte economia de escala, seu fosso está sob pressão devido ao crescente impacto do comércio eletrônico. Como mais e mais pessoas compram online, mesmo as lojas mais lucrativas consideram sua sobrevivência cada vez mais ameaçada.

   Dito isso, companhias com grande fosso não desaparecem da noite para o dia, uma vez que as pessoas levam tempo para se acostumar à inovação e aos novos produtos. No entanto, é crucial rever seu portfólio frequentemente (ao menos anualmente) e determinar se as empresas que você investiu ainda serão relevantes daqui a dez anos, e/ou se você precisa reconfigurar seu portfólio.

2. Algumas empresas têm vários fossos.

   Outra coisa a se observar é que algumas empresas possuem múltiplos fossos. Uma empresa que tem mais de um fosso, como uma marca de renome e um produto exclusivo, pode aumentar seus preços em qualquer economia.

   O que é mais importante é que você entenda que o negócio em que está investindo tem uma vantagem com a qual você pode se identificar. Sendo este o caso, também é verdade que se a vantagem deixar de existir, você também será capaz de perceber isso.

SEGREDO 5

LINGUAGEM DE NEGÓCIOS

CAPÍTULO 22

Demonstrações Financeiras Explicadas

"Por favor, você poderia me dizer como chegar à Tokyo Tower?" Eu dirigia pelas ruas de Tóquio em círculos há cerca de uma hora e ainda não tinha nenhuma ideia de como chegar a meu destino. Essa era a primeira vez que visitava o Japão, muito antes do Google Maps e do Google Translate estarem disponíveis. Fiquei, francamente, chocado que a maioria dos japoneses não sabia falar inglês.

"*Nihongo ga hanasemasu ka?*" (Você sabe falar japonês?), o senhor perguntou.

"*Nihongo Wakarimasen.*" (Eu não entendo japonês), respondi com uma das poucas frases que sabia.

O senhor passou a falar comigo em japonês pelos próximos cinco minutos antes de se curvar educadamente e ir embora.

Eu me senti muito perdido em uma terra estrangeira onde não conseguia entender e nem falar o idioma.

Para muitos, o mercado de ações é como uma terra estrangeira na qual investidores treinados falam uma língua estrangeira. Essa é a razão que faz com que muitos se percam no mercado de ações e se perguntem como podem chegar a seu destino. A resposta para esse problema é aprender a linguagem dos investimentos. Nos capítulos seguintes, Mary e eu ensinaremos a você a

7 Segredos para Investir como Warren Buffett

linguagem dos negócios. Você ficará surpreso com o quão simples pode ser quando alguém o orienta.

A Linguagem Dos Negócios

Contabilidade é a linguagem dos negócios. Nesta parte do livro examinaremos três demonstrações financeiras que lhe permitem avaliar empresas e tirar conclusões balizadas sobre se elas são bons investimentos.

Vamos considerar três tipos diferentes de empresas para ajudá-lo a compreender as demonstrações financeiras. Cada empresa é administrada por uma pessoa:

1. Wong possui um restaurante;

2. Ahmed possui uma pequena consultoria;

3. Jane administra uma construtora.

Suas empresas, que cada um deles gerencia há anos, têm acionistas. Todos os anos os proprietários preparam demonstrações financeiras para seus acionistas, resumindo como estão indo os negócios.

Nota: Empresas listadas em uma bolsa de valores devem reportar seus resultados trimestralmente à bolsa de valores em que estão listadas e divulgá-los ao público.

Para nossos propósitos, examinaremos as demonstrações financeiras anuais de cada empresa.

Há três demonstrações financeiras principais:

1. Balanço patrimonial;

2. Demonstração de resultados;

3. Demonstração de fluxo de caixa.

Demonstrações Financeiras Explicadas

Depois de examinar cuidadosamente as instruções a seguir, você poderá determinar quais empresas podem ser um bom investimento.

Onde você pode encontrar as demonstrações financeiras das empresas?

Passo 1: Pesquise no Google pelo nome dessa empresa;

Passo 2: Acesse o site da empresa;

Passo 3: Pesquise e clique na guia "Relações com Investidores";

Passo 4: Procure apresentações ou relatórios anuais;

Passo 5: Abra ou faça o download dos relatórios anuais;

Passo 6: Os relatórios anuais conterão as três declarações e detalhes adicionais sobre as informações constantes nesses relatórios.

MÉTODO RÁPIDO

Faça uma pesquisa no Google por "nome da empresa + relatório anual".

Por exemplo, procure "Relatório anual da empresa ABC".

Você normalmente encontrará o link para ler o último relatório anual. Se você deseja acessar todos os relatórios anteriores, siga os passos apresentados acima.

CAPÍTULO 23

Balanço Patrimonial

Um balanço patrimonial é um registro do que a empresa possui e do que ela deve. Para nos ajudar a entender o balanço patrimonial de uma empresa, pode ser útil entender primeiro que cada um de nós também tem um balanço patrimonial. Vamos pensar sobre o que possuímos e o que devemos pessoalmente. Tire um momento e anote seu balanço patrimonial.

Em um balanço patrimonial há três segmentos principais:

1. Ativos: coisas que a empresa possui;

2. Passivos: coisas que a empresa deve;

3. Patrimônio líquido: a riqueza líquida da empresa.

Para ajudá-lo a entender melhor esses termos e a elaboração de um balanço, pedi a meu amigo Tommy que compartilhasse seu balanço pessoal com você.

7 Segredos para Investir como Warren Buffett

Vamos analisar o balanço pessoal de Tommy para avaliar a saúde financeira dele.

Balanço Patrimonial Pessoal de Tommy em 31 de dezembro de 2018			
Ativos		**Passivos**	
Ativos circulantes		**Passivos circulante**	
Dinheiro no banco	US$3.000	Dívidas no cartão de crédito	US$500
iPhone	US$1 mil		
Roupas de marca	US$500	Empréstimo da sogra	US$2 mil
Notebook	US$1.200	**Passivo não circulante**	
		Empréstimo da casa	US$400 mil
Ativos não circulantes		Empréstimo do carro	US$7 mil
Carro	US$10 mil		
Casa	US$500 mil	**Total de passivos**	US$409.500
Total de ativos	US$515.700	**Capital**	US$515.700
		Patrimônio líquido	US$106.200

Primeiro, vamos olhar os ativos. Você pode ver que os diferenciamos entre ativos circulantes e não circulantes. Normalmente, os ativos circulantes são ativos que serão usados ou que poderão ser rapidamente convertidos em dinheiro em até um ano.

Para os propósitos desta discussão, classificamos o iPhone, o notebook e as roupas de marca como ativos circulantes. Os valores que atribuímos a

Balanço Patrimonial

esses itens serão os valores atuais estimados se os vendermos imediatamente no mercado.

Esses valores flutuam e é provável que o valor em dinheiro mude diariamente, o que significa que um balanço é uma fotografia de um determinado momento no tempo. Para os objetivos deste livro, presumiremos que era isso que Tommy tinha em 31 de dezembro de 2018.

Podemos ver que os bens pessoais de Tommy valem US$515.700. Isso significa que, se Tommy vender tudo o que tem no momento, receberá um valor estimado de US$515.700.

Mas não se esqueça de que ele também tem passivos: ele deve dinheiro. Como podemos ver, existem passivos circulantes e passivos não circulantes.

O passivo circulante deve ser pago em um ano ou menos (faturas de cartão de crédito e o empréstimo que ele recebeu da sogra), enquanto o passivo não circulante é um débito que pode ser pago em mais de um ano.

Portanto, mesmo que Tommy receba US$515.700 se vender todos os seus ativos, devemos lembrar que ele deve pagar todos os seus débitos. Seu passivo total é de US$409.500. Isso o deixará com US$515.700 - US$409.500 = US$106.200.

Esses US$106.200 são conhecidos como o patrimônio líquido de Tommy. Em termos contábeis, essa parte do balanço de Tommy é conhecida como capital próprio. Em suma:

Capital próprio = Ativos - Passivos

Em seguida, reproduzimos os balanços de Wong, Ahmed e Jane. Vamos analisá-los um por um e você descobrirá em breve como entender cada negócio.

Vamos primeiro dar uma olhada no balanço patrimonial do restaurante do Wong.

7 Segredos para Investir como Warren Buffett

Balanço Patrimonial do restaurante do Wong em 31 de dezembro de 2018			
Ativos		**Passivos**	
Ativos circulantes		**Passivos circulantes**	
Caixa	US$10.000	Contas a pagar	US$20.000
Estoque	US$20.000	Empréstimo de curto prazo	US$20.000
Contas a receber	US$10.000		
Ativos não circulantes		**Passivos não circulantes**	
Mobília	US$50.000	Dívidas de longo prazo	US$30.000
Equipamentos	US$30.000		
Total de ativos	**US$120.000**	**Total de passivos**	**US$70.000**
		Patrimônio líquido	
		Capital social	US$30.000
		Lucros acumulados	US$20.000
		Patrimônio líquido total	**US$50.000**

Depois de analisarmos de perto o balanço de Wong, as empresas restantes serão mais fáceis de entender.

Primeiro, vamos dar uma olhada nos ativos. Lembre-se de que os ativos são o que a empresa precisa para operar.

Ativos Circulantes De Wong

Em ativo circulante, vemos caixa, estoque e contas a receber.

Caixa é o dinheiro prontamente disponível. Um restaurante precisa de dinheiro para operar. A quantia que uma empresa arrecada é considerada parte de seus ativos. Atualmente, o restaurante de Wong tem US$10 mil em dinheiro. Uma parte dele pode estar na caixa registradora e outra no banco.

Balanço Patrimonial

Algumas demonstrações financeiras dividem o Caixa em saldos bancários e disponível (dinheiro em mãos).

Estoque se refere aos produtos da empresa. No caso de Wong, o estoque pode incluir matérias-primas, como carne, vegetais, ovos. Atualmente, Wong tem US$20 mil em estoque. Se ele não tiver clientes suficientes consumindo em seu restaurante, toda essa comida crua pode estragar em alguns dias.

Contas a receber é o dinheiro que Wong espera receber de seus clientes. Normalmente, os clientes de um restaurante pagam na hora, mas, em alguns casos, quando seus clientes são corporações, eles podem pagar depois, geralmente em até 60 dias.

Esses pagamentos tardios são conhecidos como contas a receber.

Wong tem US$10 mil em contas a receber.

Ativos Não Circulantes de Wong

O mobiliário que Wong comprou para o restaurante custa, com base em estimativas atuais, US$50 mil. Ele espera usar esse mobiliário por, no mínimo, cinco anos, por isso ela é considerada um ativo não circulante.

Equipamentos refere-se aos utensílios de cozinha, talheres e pratos do restaurante de Wong, que valem cerca de US$30 mil. Esse valor é baseado em uma estimativa feita do quanto ele poderia conseguir se revendesse esses equipamentos no mercado.

Nota: Como Wong consegue estimar o valor de seu mobiliário e equipamento?

Geralmente, uma empresa estima por quanto tempo usará seus ativos e amortiza o custo deles. Por exemplo, se Wong comprou 100 mesas por US$5 mil e espera usá-las por cinco anos, as contas vão refletir que essas 100 mesas perderão seu valor de US$5 mil dividido por 5 anos = US$1 mil por ano.

7 Segredos para Investir como Warren Buffett

Portanto, no primeiro ano, as mesas refletirão o valor de US$5 mil. No segundo ano, elas valerão cerca de US$4 mil. No sexto ano elas estarão, praticamente, inúteis. Isso é conhecido como depreciação. (Diferentes empresas usam diferentes métodos para determinar a depreciação, dependendo do que é relevante para seus negócios).

Podemos ver que, no total, os ativos de Wong valem cerca de US$120 mil. E podemos supor que precisamos ter por volta de US$120 mil para montar um restaurante similar ao de Wong.

Esses US$120 mil podem ser financiados por Wong de duas maneiras diferentes:

1. Usando seu próprio dinheiro e injetando capital; ou

2. Emprestando ativos (dinheiro e outras coisas necessárias).

Vamos analisar os passivos [também chamados de "obrigações"] de Wong.

Passivos Circulantes de Wong

Contas a pagar é o dinheiro que a empresa de Wong precisa pagar a seus fornecedores; daí o termo *a pagar*. Quando Wong compra matérias-primas de seus fornecedores todos os meses, ele tem até 60 dias após a entrega para pagá-las.

Os US$20 mil que aparecem em seu balanço como contas a pagar refletem a compra de matéria-prima, mas Wong ainda não pagou por isso e deve fazê-lo em breve. Daí o termo passivo [ou "obrigação"].

O *Empréstimo a curto prazo* de US$20 mil consiste em empréstimos bancários que devem ser pagos nos próximos 360 dias. Esse empréstimo foi feito por Wong para comprar equipamento e o mobiliário.

Balanço Patrimonial

Passivos Não Circulantes de Wong

Os US$30 mil apresentados como dívidas de longo prazo referem-se a débitos que Wong tem mais de um ano para pagar. Se o prazo de pagamento da dívida for menor de 360 dias, então será considerada uma dívida de curto prazo.

Em suma, vemos que Wong tem um passivo total de US$70 mil e cerca de US$120 mil de ativos são necessários para administrar o negócio. Podemos dizer que US$70 mil dos ativos são financiados por dívidas e contas a pagar.

Patrimônio Líquido

Por fim, analisamos o *patrimônio líquido* de Wong, que é o patrimônio líquido da empresa. Lembre-se: Ativos – Passivos = Patrimônio Líquido. Simplificando, se vendermos todos os ativos de Wong, obteremos US$120 mil, mas ainda precisamos pagar os passivos de Wong de US$70 mil. Após essa dedução, o valor restante será de US$50 mil. Esse é o dinheiro que realmente pertence a Wong e seus acionistas.

Podemos ver que o patrimônio líquido tem dois componentes no balanço patrimonial.

Capital é a quantia investida por Wong e seus acionistas para iniciar o negócio. Você notará que US$30 mil é o valor que investiram no negócio.

Lucros acumulados de US$20 mil são lucros obtidos pelo negócio antes de serem investidos na companhia para continuar a financiá-la. Quando a empresa de Wong ganha dinheiro, ele pode ser devolvido aos acionistas na forma de dividendos ou pode ser retido, o que se refletirá no balanço patrimonial como lucros acumulados.

Agora que examinamos o balanço patrimonial de Wong, vamos analisar rapidamente os balanços de Ahmed e Jane. Até o final deste capítulo, discutiremos alguns índices importantes e pontos a serem observados quando olhamos para o balanço patrimonial.

7 Segredos para Investir como Warren Buffett

Balanço Patrimonial da Consultoria de Ahmed em 31 de dezembro de 2018			
Ativos		**Passivos**	
Ativos circulantes		**Passivos circulantes**	
Caixa	US$10.000	Contas a pagar	US$0
Estoque	US$0	Dívidas de curto prazo	US$5.000
Contas a receber	US$10.000		
Ações de empresas	US$30.000		
Ativos não circulantes		**Passivos não circulantes**	
Mobília	US$5.000	Dívidas de longo prazo	US$10.000
Equipamento	US$5.000		
Total de ativos	**US$60.000**	**Total de passivos**	**US$15.000**
		Patrimônio líquido	
		Capital	US$25.000
		Lucros acumulados	US$20.000
		Patrimônio líquido total	**US$45.000**

É interessante notar que, no balanço de Ahmed, não há nenhum estoque nem contas a pagar.

Quando perguntamos a Ahmed sobre isso, ele explicou que, como administra uma empresa de consultoria, não há nenhum estoque. Ele não precisa manter nenhum produto na loja (como os alimentos in natura de Wong) antes de se converterem em caixa.

Isso faz sentido, uma vez que a consultoria é um serviço baseado em conhecimento. A equipe de consultores de Ahmed visita seus clientes para fornecer serviços de consultoria. Uma vez que Ahmed não tem estoque nem fornecedores a quem precisa pagar, ele não tem contas a pagar.

Balanço Patrimonial

Você pode ver que todo o ativo que Ahmed precisa para seu negócio soma US$60 mil. Isso é financiado por US$15 mil em passivos e US$45 mil em patrimônio líquido.

Balanço patrimonial da construtora da Jane em 31 de dezembro de 2018			
Ativos		**Passivos**	
Ativos circulantes		**Passivos circulantes**	
Caixa	US$300.000	Contas a pagar	US$150.000
Estoque	US$200.000	Dívidas de curto prazo	US$100.000
Contas a receber	US$200.000		
Ativos não circulantes		**Passivos não circulantes**	
Equip. de escritório	US$150.000	Dívidas de longo prazo	US$400.000
Equipamentos - outros	US$600.000		
Terrenos	US$500.000		
Total de ativos	**US$1.950.000**	**Total de passivos**	**US$650.000**
		Patrimônio líquido	
		Capital Social	US$800.000
		Lucros acumulados	US$500.000
		Patrimônio líquido total	**US$1.300.000**

Jane está no ramo da construção. Os ativos necessários para administrar seu negócio somam milhões de dólares. Seu estoque é composto por matéria-prima — aço, tijolos, cimento e outros materiais necessários à construção.

Note que Jane possui terrenos no valor de US$500 mil e equipamentos caros, como caminhões e máquinas no valor de US$600 mil. O valor total dos ativos de Jane é de US$1.950 milhão, financiados por US$650 mil em passivos e US$1.300 milhão de patrimônio líquido.

7 Segredos para Investir como Warren Buffett

Esperamos que você esteja mais familiarizado com a linguagem dos negócios e com o balanço patrimonial. Se você é iniciante em contabilidade, analisaremos as demonstrações financeiras lentamente e repetiremos certos conceitos importantes para auxiliar você a se familiarizar com a linguagem.

Índices E Números Importantes Para Se Observar Em Um Balanço Patrimonial

Toda informação em um balanço patrimonial é importante. No entanto, algumas delas são vitais porque demonstram o desempenho da empresa; podemos extrapolar essas informações se fizermos algumas perguntas básicas:

1. **O patrimônio líquido da empresa está crescendo ao longo do tempo?**

   Queremos ter um negócio com um patrimônio líquido que aumente continuamente. Se queremos comprar ações de uma companhia, queremos que ela se torne mais e mais rica. O patrimônio líquido é uma maneira bastante direta de avaliar como a empresa está se saindo. Trata-se de uma das técnicas fundamentais que Warren Buffett usa para avaliar sua própria companhia, a Berkshire Hathaway.

   Nos exemplos anteriores, vimos apenas o registro do ano atual. Para ter uma imagem completa da saúde de uma empresa, precisamos olhar também para os balanços dos anos anteriores. Os lucros estão crescendo? O endividamento está diminuindo?

2. **A empresa tem uma dívida muito grande?**

   Um montante enorme de dívidas é perigoso. Quando a economia ou setor não está bem e a empresa carrega uma dívida muito grande, pode ser bem problemático. Isso ocorre porque, se a empresa não puder liquidar o empréstimo, precisará rolar essa dívida e os juros devidos aos bancos aumentarão o total da dívida ainda mais.

Balanço Patrimonial

Essa é uma das principais razões pelas quais as empresas vão à falência. Se você não tem grandes dívidas, a possibilidade de ir à falência é muito baixa, não é?

Observe as três companhias cujos balanços patrimoniais foram analisados. Você verá que elas têm as seguintes dívidas:

	Curto prazo	Longo prazo	Total da dívida
Wong	US$20.000	US$30.000	US$50.000
Ahmed	US$5.000	US$10.000	US$15.000
Jane	US$100.000	US$400.000	US$500.000

O que essa informação nos diz?

Alguns de nós podem concluir que a empresa de construção de Jane tem muito mais dívidas do que os outros dois negócios, por isso é um negócio perigoso para se investir. Isso parece razoável. Mas também precisamos entender o tamanho da dívida em relação ao tamanho do negócio.

Para ajudá-lo a entender, vamos usar um exemplo de duas pessoas, Greenfield e Priscilla. Greenfield tem uma dívida pessoal de US$30 mil. Priscilla tem uma dívida pessoal de US$60 milhões. Quem está na posição mais perigosa?

À primeira vista, a dívida de US$60 milhões de Priscilla pode causar algum espanto. Mas aqui está uma informação adicional.

Greenfield é um jovem de 18 anos de idade com um patrimônio líquido de US$3 mil dólares. Priscilla é a esposa de Mark Zuckerberg, cujo patrimônio líquido combinado está estimado em US$60 bilhões (no momento em que escrevemos este livro).

Pense nisto:

O débito de Greenfield (US$30 mil) é 1000% maior do que seu patrimônio líquido (US$3 mil) enquanto a dívida de Priscilla é de apenas 0,1% de seu patrimônio líquido (US$60 bilhões).

Então, o que parece mais perigoso agora?

DÍVIDA EM RELAÇÃO AO PATRIMÔNIO LÍQUIDO

Na avaliação de risco de uma empresa, utilizamos um índice conhecido como dívida sobre patrimônio líquido. Comparamos a quantidade de dívida que a pessoa possui com seu patrimônio líquido.

Calcularemos agora esse índice para as três empresas que estamos observando e veremos como elas estão se saindo nesse quesito.

	Dívida de curto prazo	Dívida de longo prazo	Patrimônio líquido	Dívida sobre patrimônio
Wong	US$20.000	US$30.000	US$50.000	100%
Ahmed	US$5.000	US$10.000	US$45.000	33%
Jane	US$100.000	US$400.000	US$1.300.000	38%

Se você está se perguntando como calculamos o índice de dívida sobre patrimônio líquido em porcentagem, nós pegamos a dívida total (curto prazo + longo prazo) e dividimos pelo patrimônio líquido.

Dívida total ÷ Patrimônio líquido = Dívida sobre patrimônio líquido

Exemplo: Construtora de Jane

A dívida total é de (US$100.000 + US$400.000) = US$500.000

Patrimônio líquido = US$1.300.000

Dívida sobre patrimônio líquido = US$500.000/US$1.300.000 = 38%

Com base nessa informação, podemos ver que a empresa com a maior dívida relativa a seu patrimônio líquido é o Restaurante de Wong.

Uma boa relação dívida/patrimônio líquido é de menos de 50%.

Vamos pegar Jane como exemplo. Ela possui terrenos e equipamentos que são mais valiosos do que suas dívidas. Isso significa que ela provavelmente pode pagar seus débitos facilmente vendendo alguns de seus ativos.

Balanço Patrimonial

Quando se examina um balanço patrimonial de uma empresa, você vê itens que ainda não discutimos neste livro.

À medida que os negócios evoluem, os tipos de ativos ou passivos mantidos pela empresa podem ser novos ou desconhecidos para você.

Para entender cada item do balanço, você deverá ler as notas anexadas ao relatório anual. Nossa regra é que se os itens do balanço patrimonial se tornam muito complexos, optamos por não investir na empresa.

Conclusão

Há dois pontos fundamentais que devemos observar em um balanço patrimonial:

1. O patrimônio líquido cresce ao longo dos anos?

2. A empresa é altamente endividada? Isso é determinado calculando o índice dívida sobre patrimônio líquido atual.

Nos próximos capítulos, examinaremos os fatores adicionais que nos ajudam a escolher empresas para investir, e criaremos um checklist.

CAPÍTULO 24

Demonstração de Resultados

Neste capítulo, examinaremos uma demonstração ainda mais interessante: a demonstração de resultados. Ela é importante por se tratar de uma espécie de boletim da empresa.

A demonstração de resultados nos permite ver se a empresa está fazendo ou perdendo dinheiro. Assim como no caso do balanço, cada um de nós tem uma demonstração de resultados pessoal.

7 Segredos para Investir como Warren Buffett

Vamos trazer nosso amigo Tommy de volta à cena e dar uma olhada em sua demonstração de resultados de 2018.

Demonstração de resultados de Tommy para o ano encerrado em 31 de dezembro de 2018	
Renda	
Salário	US$40.000
Aulas particulares	US$12.000
Sorteio do jantar dançante da companhia	US$2.000
Dividendos de ações	US$5.000
Renda total	**US$59.000**
Despesas	
Empréstimo imobiliário	US$12.000
Transporte	US$10.000
Alimentação	US$7.000
Contas de telefone	US$2.000
Juros bancários	US$2.000
Férias	US$5.000
Imposto de renda	US$2.000
Despesa Total	**US$40.000**
Renda líquida (poupança)	**US$19.000**

Sua demonstração de resultados pessoal resume o dinheiro que você ganha, menos o dinheiro que gasta em um ano. O que sobra é o valor líquido que você poupou naquele ano.

Demonstração de Resultados

Agora observe as demonstrações de resultados de nossas três empresas. Começaremos com a performance do restaurante de Wong para todo o ano de 2018. Para facilitar a explicação e o cálculo, vamos usar números modestos em vez de milhões de dólares.

Demonstração de resultados do restaurante do Wong para o ano encerrado em 31 de dezembro de 2018	
Renda	
Receita	US$50.000
Custo dos produtos vendidos	US$25.000
Lucro bruto	**US$25.000**
Menos despesas	
Aluguel	US$7.000
Salários	US$7.000
Depreciação	US$2.000
Contas de energia elétrica	US$1.000
Juros bancários	US$2000
Despesas totais	**US$19.000**
Lucro antes dos impostos	US$6.000
Impostos	(US$1.000)
Receita líquida	**US$5.000**

Receita é o montante de vendas, ou dinheiro recebido dos clientes. Em outras palavras, Wong vendeu US$50 mil em alimentos em 2018.

Custo dos produtos vendidos é o custo dos materiais que Wong usou para obter os US$50 mil de alimentos que ele vendeu. Se Wong vende uma refeição por US$5 e vendeu 10 mil pratos, ele recebeu US$50 mil de seus clientes.

7 Segredos para Investir como Warren Buffett

Para cada refeição vendida, ele estima que o custo da matéria-prima usada (ovos, carne, vegetais etc.) é de US$2,50. Assim, o custo das refeições vendidas naquele ano é de US$2,50 x 10.000 refeições = US$25.000.

O lucro bruto de Wong em 10 mil refeições é de US$25 mil. Esse lucro é baseado exclusivamente na venda das refeições e deduzindo o custo delas.

Se o lucro bruto for muito pequeno, a operação do negócio não valerá a pena.

Para calcular o lucro real — conhecido como lucro líquido — temos que deduzir as outras despesas de Wong, que consistem em aluguel, salários, depreciação, contas de luz e juros bancários.

No caso de Wong, essa despesa é de US$19 mil.

Lembre-se de que existe uma linha no balanço patrimonial para depreciação. Quando Wong compra seus equipamentos ou mobiliário, ele estima quanto tempo esses ativos serão úteis. Por exemplo, se Wong comprou 100 mesas por US$5 mil e espera usá-las por 5 anos, as contas refletirão a depreciação das 100 mesas pelo valor de US$5 mil dividido por 5 anos = US$1 mil por ano.

Esses US$1 mil são conhecidos como depreciação — a redução no valor do ativo — e serão debitados no ano seguinte. Wong também precisará fornecer um valor estimado de depreciação dos ativos que comprou, como equipamentos e utensílios de cozinha. Embora ele provavelmente já tenha pago por isso na íntegra, ele não colocará o valor da depreciação em sua demonstração de resultados do ano em que as comprou. Em vez disso, a colocará como depreciação ao longo de cinco anos. Essa será uma representação mais precisa de suas despesas. Portanto, se ele comprou as mesas em 2019, em vez de ter uma despesa de US$5 mil para depreciação das mesas neste ano — 2019 — ele terá uma despesa de US$1 mil para depreciação de mesas de 2019, 2020, 2021, 2022 e 2023. Como ele está rateando as despesas, seu lucro anual também será representado com mais precisão, em vez de mostrar uma queda única no ano em que ele comprou os móveis.

Demonstração de Resultados

Após deduzir as despesas totais de US$19 mil dos US$25 mil, temos US$6 mil. Esse é o lucro antes dos impostos. Alguns investidores usam o lucro antes dos impostos para avaliar o desempenho de uma empresa. Mas, em nossa opinião, um bom planejamento tributário é uma parte importante das responsabilidades da administração. Então, nos concentramos sobre o lucro líquido.

O lucro líquido é o montante final que os acionistas podem esperar que seja considerado deles. É o fruto do trabalho de uma empresa por ano depois de todas as despesas e impostos pagas. O restaurante do Wong obteve um lucro líquido de US$5 em 2018. Isso é considerado um bom lucro? Discutiremos isso após analisar as outras duas empresas.

Demonstração de resultados de Ahmed para o ano encerrado em 31 de dezembro de 2018	
Renda	
Receita	US$40.000
Custo das vendas	US$10.000
Lucro bruto	**US$30.000**
Renda de investimentos	US$10.000
Menos despesas	
Aluguel	US$10.000
Salários	US$5.000
Publicidade	US$5.000
Contas de energia elétrica	US$1.000
Juros bancários	US$2.000
Despesas totais	**US$23.000**
Lucro antes dos impostos	US$17.000
Impostos	(US$2.000)
Lucro líquido	**US$15.00**

7 Segredos para Investir como Warren Buffett

Como já dissemos, o negócio de Ahmed é diferente do de Wong. A consultoria de Ahmed tem US$10 mil como custo de vendas, o que pode ser atribuído aos consultores externos que ele contratou e pagou separadamente.

Para obter uma receita de US$40 mil, ele pagou US$10 mil aos consultores que o ajudaram a cumprir os serviços pelos quais havia sido contratado.

Outra coisa interessante de se notar é que Ahmed teve lucros com investimentos. Ahmed explicou que, no curso de seu trabalho, ele descobriu alguns bons negócios e se ofereceu para investir neles.

Se olharmos seu balanço patrimonial, veremos que Ahmed listou ações de empresas como ativos. Além desses dois itens — isso é, renda de investimentos e ações de empresas — vemos que ele gastou US$5 mil em publicidade. Isso é algo que não vimos na demonstração de resultados de Wong.

Demonstração de Resultados

No geral, vemos que Ahmed auferiu US$15 mil em lucro líquido em 2018.

Demonstração de resultados de Jane para o ano encerrado em 31 de dezembro de 2018	
Renda	
Receita	US$4.000.000
Custo das vendas	US$2.000.000
Lucro bruto	**US$2.000.000**
Menos despesas	
Aluguel	US$500.000
Salários	US$320.000
Serviços	US$400.000
Contas de energia elétrica	US$100.000
Juros bancários	US$80.000
Despesas totais	**US$1.400.000**
Lucro antes dos impostos	US$600.000
Impostos	(US$80.000)
Lucro líquido	**US$520.000**

A construtora de Jane obteve um lucro bruto de US$2 milhões e um lucro líquido de US$520 mil após deduções de impostos.

Em suma:

Lucro líquido do restaurante de Wong = US$5.000

Lucro líquido da consultoria de Ahmed = US$15.000

Lucro líquido da construtora de Jane = US$520.000

7 Segredos para Investir como Warren Buffett

Então, qual empresa é a mais lucrativa? A resposta óbvia seria dizer que é a construtora de Jane.

A Consistência Dos Lucros É Importante

Uma coisa importante a se considerar é se cada uma das empresas é consistente. Vamos analisar 10 anos de lucro de cada uma das empresas para ver quão consistente elas têm sido.

	Wong	Ahmed	Jane
2009	US$4k	US$300	US$800k
2010	US$4k	US$500	-US$500k
2011	US$4,2	US$800	US$20k
2012	US$4,5	US$1k	US$300k
2013	US$4,5	US$3k	US$10k
2014	US$4,8	US$5k	-US$300k
2015	US$4,8	US$8k	US$700k
2016	US$5,2	US$10k	-S$50k
2017	US$5k	US$12k	US$300k
2018	US$5k	US$15k	US$520k

Lucros Líquidos De Wong, Ahmed E Jane Desde 2009

Com base nos resultados de mais de 10 anos, podemos tirar as seguintes conclusões:

A empresa de Wong é relativamente estável. Como não mostra muito crescimento, podemos assumir que é uma empresa madura. Dito isso, uma vez que o restaurante tem um modelo lucrativo, Wong, provavelmente, poderia lançar uma franquia com esse modelo ou expandir seu restaurante. Pense no McDonald's ou KFC, e você será capaz de ver como um negócio de restaurante lucrativo pode crescer e se expandir para o mundo todo. Obviamente,

Demonstração de Resultados

o sucesso depende em grande parte da habilidade de gerenciamento para dimensionar o negócio.

A empresa de Ahmed, por outro lado, está crescendo. Os lucros aumentaram de US$300 em 2009 (provavelmente apenas um negócio de meio período no início) para US$15 mil. A empresa estava 50 vezes maior em 2018 do que 10 anos antes. Parece que a consultoria de Ahmed tem potencial para continuar crescendo. Ahmed já emprega consultores externos e não administra a empresa sozinho; por isso, dizemos que ele possui os mecanismos para contratar pessoal, conforme necessário.

Ao contrário dos outros dois negócios, a construtora de Jane é o que chamamos de negócio cíclico. Às vezes, trabalha bem e é rentável, e perde dinheiro em outros momentos. Observamos que durante os 10 anos em questão, ela teve perdas em 2010, 2014 e 2016. Claramente essa empresa é menos consistente do que as outras duas examinadas. Como investidores em valor, podemos não querer investir na empresa de Jane porque podemos perder dinheiro por alguns anos... Credo!

EFICIÊNCIA DOS NEGÓCIOS

Outra medida que observamos é quão eficiente a empresa é no uso de seu patrimônio líquido. Lembre-se: o patrimônio líquido é basicamente o dinheiro dos acionistas (ou seja, seu dinheiro!).

O patrimônio líquido é o dinheiro que os acionistas injetam para iniciar o negócio mais o lucro que a companhia reteve em vez de distribuir para os acionistas. Se a empresa não estiver distribuindo o dinheiro de volta para nós, é melhor fazer bom uso dele!

Portanto, como avaliamos se uma empresa está fazendo um bom uso de seu patrimônio líquido? Vejamos quanto lucro a empresa está obtendo para nós em comparação com o montante de patrimônio líquido que ela mantém no negócio.

Apenas para recapitular, o patrimônio líquido de cada uma das três empresas para 2018 é:

Restaurante de Wong = US$50.000

Consultoria de Ahmed = US$45.000

Construtora de Jane = US$1.300.000

Se queremos ver com que eficiência as empresas vêm usando seu patrimônio líquido em 2018, devemos olhar para o patrimônio líquido que elas tinham em 31 de dezembro de 2017; esse foi o patrimônio líquido que elas usaram para gerar lucro em 2018.

Por isso, verificamos com os proprietários o patrimônio líquido que eles tinham em 2017:

Restaurante de Wong = US$48.000

Consultoria de Ahmed = US$35.000

Construtora de Jane = US$1.000.000

Agora queremos ver como as empresas usaram o patrimônio líquido que tinham no início do ano. Quanto lucro elas obtiveram como porcentagem do patrimônio líquido? Isso também é conhecido como retorno sobre o patrimônio líquido (ROE — do inglês Return On Equity).

	Patrimônio Líquido em 2015	Lucro em 2016	Retorno sobre o patrimônio líquido em 2016
Wong	US$48.000	US$5.000	10,41%
Ahmed	US$35.000	US$15.000	42,85%
Jane	US$1.000.000	US$520.000	52%

Demonstração de Resultados

Como podemos ver, o retorno sobre o patrimônio líquido de Jane é o mais alto, com 52%, seguido pelo de Ahmed, com 42,9%, e o de Wong, com 10,4%. Quanto aos lucros, queremos verificar os resultados anteriores de cada empresa para entender melhor seu desempenho.

Estes são os resultados dos 10 anos anteriores:

Retorno sobre o patrimônio líquido (ROE) de Wong, Ahmed e Jane desde 2009			
	Wong	Ahmed	Jane
2009	11%	50%	70%
2010	12%	52%	-52%
2011	12%	48%	18%
2012	12%	35%	30%
2013	11%	38%	5%
2014	12%	43%	-32%
2015	12%	38%	10%
2016	10%	39%	-48%
2017	11%	29%	30%
2018	10%	43%	52%

De maneira geral, uma empresa que tem um ROE de 15% ou mais é um excelente negócio.

Com o registro de 10 anos mostrado acima, podemos ver que o ROE de Wong oscilou entre 10% e 12%. O ROE de Ahmed variou de 29% a 52%. O ROE de Jane flutuou de -52% a 70% devido à natureza cíclica de seu negócio.

O ROE de Ahmed flutuou bastante, mas é consistentemente alto (quase sempre acima de 30%). Já na empresa de Jane, por outro lado, houve muita flutuação.

Como investidores em valor, tendemos a evitar empresas com um ROE inconsistente. Preferimos empresas previsíveis, assim podemos ter resultados previsíveis.

7 Segredos para Investir como Warren Buffett

RESUMO

Agora, ao olhar para uma demonstração de resultados, você pode facilmente saber se a empresa é lucrativa.

Lembre-se de duas coisas:

1. O registro de lucros de 10 anos indicará com precisão se a empresa está ou não lucrando.

2. O registro de 10 anos do retorno sobre o patrimônio líquido (ROE) nos mostrará quão eficiente a empresa é no uso de seu patrimônio.

No capítulo anterior, também analisamos dois indicadores principais do balanço patrimonial:

1. O patrimônio líquido está crescendo ao longo do tempo?

2. Observe a relação dívida sobre patrimônio líquido para determinar se a empresa está muito endividada.

Agora, temos quatro critérios que podemos usar como base para nosso checklist de investimento.

S/N	Questões	Onde encontrar
1	Verifique se o patrimônio líquido tem crescido ao longo dos anos.	Balanço Patrimonial
2	Verifique se a empresa tem um endividamento razoável analisando a relação dívida sobre patrimônio líquido.	Balanço Patrimonial
3	Verifique um período de 10 anos dos lucros da empresa para ver se ela é consistentemente lucrativa.	Demonstração de Resultados
4	Verifique um período de 10 anos de retorno sobre o patrimônio líquido para ver se a empresa tem sido administrada de maneira eficiente.	Demonstração de Resultados e Balanço patrimonial

CAPÍTULO 25

Demonstração de Fluxo de Caixa

A *demonstração de fluxo de caixa* é a terceira demonstração financeira importante que devemos considerar quando avaliamos uma empresa. Ela rastreia o montante do caixa que entra e sai da empresa no ano corrente. O que isso significa?

Pense na demonstração do fluxo de caixa como seu extrato bancário. Ele rastreia o montante que entra e sai de sua conta. Alguns de vocês podem estar pensando: como isso difere da demonstração de resultados na qual a empresa recebe de seus clientes e paga seus fornecedores?

Essa é uma boa questão. Aqui estão possíveis explicações sobre como uma demonstração de fluxo de caixa pode se diferenciar da demonstração de resultados:

1. O valor que uma empresa registra como lucro pode ainda não ter sido coletado.

   Usando o exemplo pessoal, Tommy pode ter lançado US$1 mil como serviços de aulas particulares no mês de março e registrado uma renda de US$1 mil com as mensalidades. Mas ele só receberá o pagamento em abril. Em outras palavras, embora a receita seja reconhecida em março, o dinheiro pode não ter sido recebido ainda.

   As três empresas que temos examinado têm contas a receber. Essas são as quantias que eles esperam receber de seus clientes logo, a de-

131

7 Segredos para Investir como Warren Buffett

pender dos termos acordados entre eles. Os acordos comerciais podem ser, geralmente, de 30, 90 e até 180 dias.

Isso significa que as empresas já entregaram seus produtos e registraram os lucros, mas ainda não receberam de seus clientes.

2. O valor que você gastou ainda não foi pago.

Cartões de crédito... alguém aí usa? Tommy pode ter comprado seu novo notebook por US$2 mil usando seu cartão de crédito. Mas ainda não pagou a fatura. Então, enquanto ele registra ter gasto aqueles US$2 mil, o dinheiro ainda não saiu de sua conta. No exemplo comercial, fundos assim serão declarados como contas a pagar.

O conceito de registrar lucros e receitas durante o período da demonstração (normalmente feito trimestralmente), independentemente de o dinheiro ser recebido ou pago, é conhecido como regime de competência.

3. O capital que a empresa recebeu ou pagou pode não afetar a demonstração de resultados. Por exemplo, Tommy pediu à sogra US$2 mil emprestado e, portanto, teve uma entrada de caixa de US$2 mil. Mas podemos ver que este dinheiro não é considerado nem uma receita e nem uma despesa. No entanto, os juros que ele tem que pagar serão uma despesa. Na última vez em que ouvimos falar, a sogra de Tommy era uma "doce" senhora que cobrava juros de 10% ao mês...

Mostramos vários cenários em que o caixa entra e sai de uma empresa. Na demonstração do fluxo de caixa, as empresas dividiram essas transações em três categorias.

Vamos ver a demonstração do fluxo de caixa de Wong para entender melhor e com precisão o que um demonstrativo de fluxo de caixa implica.

Demonstração de Fluxo de Caixa

Demonstração do fluxo de caixa do restaurante de Wong para o ano encerrado em 31 de dezembro de 2018	
Fluxo de caixa resultante das atividades operacionais	
Lucro líquido	US$5.000
Depreciação	US$2.000
Contas a receber	(US$10.000)
Contas a pagar	US$20.000
Impostos a pagar	US$0
Caixa líquido de atividades operacionais	**US$17.000**
Fluxo de caixa resultante de atividades de investimento	
Investimento em equipamentos/móveis	(US$2.000)
Compra/venda de investimentos	US$1.000
Caixa líquido utilizado para atividade de investimento	**(US$1.000)**

Fluxo de caixa das atividades de financiamento
Liquidação de empréstimo bancário (US$1.000)
Distribuição de dividendos (US$1.000)
Caixa líquido usado para atividades de financiamento (US$2.000)
Aumento líquido em dinheiro US$14.000

Para ver como o fluxo de caixa, a demonstração de resultados e o balanço patrimonial estão todos relacionados, trouxemos de volta a demonstração de resultados e o balanço de pagamento de Wong neste capítulo para uma rápida e fácil referência.

7 Segredos para Investir como Warren Buffett

Demonstração de resultados do Restaurante do Wong para o ano encerrado em 31 de dezembro de 2018	
Renda	
Receita	US$50.000
Custo dos produtos vendidos	US$25.000
Lucro bruto	**US$25.000**
Menos despesas	
Aluguel	US$7.000
Salário	US$7.000
Depreciação	US$2.000
Contas de energia elétrica	US$1.000
Juros bancários	US$2.000
Despesas totais	**US$19.000**
Lucros antes dos impostos	US$6.000
Impostos	(US$1.000)
Lucro líquido	**US$5.000**

Demonstração de Fluxo de Caixa

Balanço Patrimonial do restaurante do Wong em 31 de dezembro de 2018			
Ativos		**Passivos**	
Ativos circulantes		**Passivos circulantes**	
Caixa	US$10.000	Contas a pagar	US$20.000
Estoque	US$20.000	Empréstimo a prazo	US$20.000
Contas a receber	US$10.000		
Ativos não circulantes		**Passivos não circulantes**	
Mobília	US$50.000	Débitos de longo prazo	US$30.000
Equipamento	US$30.000		
Total de ativos	**US$120.000**	**Total de passivos**	**US$70.000**
		Patrimônio líquido	
		Capital social	US$30.000
		Lucros acumulados	US$20.000
		Patrimônio líquido total	**US$50.000**

Vamos observar cada uma das entradas da demonstração de fluxo de caixa de Wong.

Atividades operacionais: Essa parte mostra a demonstração de resultados com base no caixa e não com base no regime de competência.

Olhando para as atividades operacionais, podemos ver os montantes correntes entrando e saindo do caixa em um ano de operações empresariais. O lucro líquido de Wong de US$5 mil é obtido a partir de sua demonstração de resultados.

7 Segredos para Investir como Warren Buffett

Mas tenha em mente que alguns itens registrados na demonstração de resultados não refletem transações reais em dinheiro.

Depreciação é a quantia que Wong dispendeu por seus ativos de longo prazo, como as mesas, cadeiras e equipamentos de cozinha. Ele pagou em dinheiro quando os comprou e estimou que estariam em condições de uso por cinco anos. Portanto, ele dividiu o valor pago por cinco anos em vez de colocar o valor total em um único ano.

Wong registrou US$2 mil em depreciação em sua demonstração de resultados. Isso se refere aos móveis e equipamentos pelos quais ele pagou US$10 mil em 2016. Ele já pagou totalmente os US$10 mil em dinheiro e está rateando o valor em 5 anos. Assim, essa quantia de U$2 mil não envolveu realmente dinheiro naquele ano. Casos como esse são conhecidos como despesas não monetárias. Isso significa que, apesar de vermos que Wong tem um lucro de US$5 mil, essa quantia é líquida de todas as deduções de despesas, incluindo os US$2 mil de depreciação, que é uma despesa não monetária. Então, é preciso compreender que as despesas de depreciação não afetam o fluxo de caixa.

Contas a receber refere-se ao dinheiro que Wong espera embolsar de seus clientes. Ele registrou US$10 mil de receita em sua demonstração de resultados, mas ainda não recebeu esse dinheiro. Esse valor deve ser deduzido do fluxo de caixa, porque os US$5 mil de lucro incluem esse valor sendo registrado como receita.

Você pode ver que US$10 mil em contas a receber são registrados no balanço patrimonial como *ativos*. Esse é o dinheiro que Wong espera receber dos clientes. As faturas que ele possui são consideradas como valor monetário real.

Contas a pagar, por outro lado, refere-se ao dinheiro que Wong espera desembolsar para pagar seus fornecedores. Podemos ver que ele deduziu US$25 mil a título de custos de produtos vendidos em sua demonstração de resultados. Mas ele acrescentou de volta US$20 mil em contas a pagar na demonstração de fluxo de caixa. Por quê? Vamos ver isso caminhando passo a passo.

Demonstração de Fluxo de Caixa

No decorrer de suas atividades diárias, o restaurante de Wong pode já ter usado alguns produtos e serviços de seus fornecedores cujo pagamento foi acertado para ser efetuado mais à frente. Em 2018, o fornecedor enviou US$20 mil em alimentos in natura ao restaurante de Wong, que precisou cozinhá-los para servir a seus clientes. Portanto, em sua demonstração de resultados, ele incorreu em US$20 mil em despesas.

Entretanto, como Wong realmente não pagou o fornecedor, deve US$20 mil a ele. Esse débito é conhecido como *contas a pagar*. E por que ele adicionou US$20 mil na demonstração do fluxo de caixa, então?

Na demonstração do fluxo de caixa, Wong começou com o valor de US$5 mil como receita líquida. No entanto, na demonstração do resultado, US$20 mil foram deduzidos como despesa. Porém, os US$20 mil ainda não foram, de fato, pagos. Wong adicionou de volta esse valor para determinar o valor líquido do fluxo de caixa, ou seja, o montante ainda disponível.

Se você achar que essas informações ainda são um pouco abstratas demais para digerir, não se preocupe. Vamos resumir tudo e sugerir algumas áreas importantes nas quais você deve se concentrar. Os próximos dois assuntos que abordaremos são mais diretos. Vamos dar uma olhada neles.

Atividades de investimentos: nessa parte da demonstração do fluxo de caixa informa-se a compra e venda de investimento de longo prazo – no caso de Wong, de equipamentos.

Podemos ver que, em 2018, houve saídas de US$2 mil para adquirir novos equipamentos e móveis. Podemos ver também que há uma entrada de US$1 mil de vendas de investimentos.

A entrada de dinheiro ocorreu devido à venda de investimentos de Wong mantidos pela empresa. As pessoas geralmente perguntam: "Qual a diferença entre atividades de investimento e atividades operacionais?" e "A compra de novos equipamentos de cozinha não deveria ser considerada uma atividade operacional, em vez de uma atividade de investimento?"

Pense da seguinte maneira: as operações diárias de Wong consistem na compra e venda de equipamentos de cozinha? A resposta é não. Suas operações diárias consistem em produzir, vender e administrar o restaurante.

Atividades de financiamento: essa parte registra as atividades relacionadas ao modo como Wong financia seu negócio. Isso pode ser conseguido através da captação de recursos de acionistas ou de empréstimos bancários. Podemos ver que Wong teve duas atividades nesta categoria em 2018.

Há uma saída de US$1 mil em dinheiro para pagamento de dívida. Isso significa que ele pagou US$1 mil em dívidas durante esse período. Também podemos ver uma saída de US$1 mil relativa à uma distribuição de dividendos. Ótimas notícias para os acionistas, pois receberam dividendos este ano!

O Dinheiro É Rei

Em qualquer negócio, o dinheiro é muito importante. E é importante olhar para a demonstração do fluxo de caixa quando estamos decidindo se vamos investir em uma empresa.

Existem duas áreas importantes que devemos focar em uma demonstração de fluxo de caixa:

1. Fluxo de caixa operacional líquido;

2. Fluxo de caixa livre.

Fluxo De Caixa Operacional Líquido

O fluxo de caixa operacional líquido nos mostra se há recursos monetários provenientes da operação da empresa.

Queremos ver um fluxo de caixa operacional consistente, porque será um reflexo de que há dinheiro real obtido por meio das operações diárias da empresa.

Demonstração de Fluxo de Caixa

Vamos dar uma olhada no fluxo de caixa das atividades operacionais das três empresas nos últimos 10 anos.

Fluxo de caixa operacional de Wong, Ahmed e Jane desde 2009			
	Wong	Ahmed	Jane
2009	US$3k	-US$100	US$750k
2010	US$5k	-US$400	-US$400k
2011	US$4,2k	-US$200	US$40k
2012	US$4,1k	-US$1k	US$330k
2013	US$3,5k	US$3,3k	US$12k
2014	US$5,8k	US$5,2k	-US$250k
2015	US$2,8k	US$7,5k	US$600k
2016	US$6,2k	US$9,2k	-US$90k
2017	US$6k	US$11,4k	US$350k
2018	US$4k	US$16k	US$620k

Analisando o histórico das três empresas, podemos observar o seguinte:

1. A empresa de Wong tem um fluxo de caixa muito consistente, assim como seus lucros. Diríamos que a empresa dele é uma empresa geradora de caixa. Também podemos notar em sua demonstração de fluxo de caixa que ele pagou dividendos. Então, é provável que as ações *ex-dividendos* dessa empresa façam parte de nosso portfólio.

Isso significa que, provavelmente, poderíamos investir na empresa de Wong e comprar suas ações para ganhar dividendos.

2. A empresa de Ahmed é muito interessante: podemos observar que, em seus primeiros anos, de 2009 a 2012, ele teve, na verdade, um fluxo de caixa operacional negativo. Isso é muito anormal, porque ele havia lucrado nesses anos.

Vamos recuperar, aqui, os registros de lucro de 10 anos para facilitar a referência.

7 Segredos para Investir como Warren Buffett

Lucro Líquido de Wong, Ahmed, e Jane desde 2009			
	Wong	Ahmed	Jane
2009	US$4k	US$300	US$800k
2010	US$4k	US$500	-US$500k
2011	US$4,2	US$800	US$20k
2012	US$4,5	US$1k	US$300k
2013	US$4,5	US$3k	US$10k
2014	US$4,8	US$5k	-US$300k
2015	US$4,8	US$8k	US$700k
2016	US$5,2	US$10k	-S$50k
2017	US$5k	US$12k	US$300k
2018	US$5k	US$15k	US$520k

Vemos que Ahmed obteve lucro no período de 2009 a 2018. Mas por que o fluxo de caixa das atividades operacionais foi negativo?

Quando perguntamos a ele, Ahmed explicou que, quando iniciou seus negócios em 2009, trabalhou para clientes menores, muitos dos quais não pagaram por seus serviços. Em 2013, ele começou a agir de maneira diferente.

Primeiro, ele começou a procurar clientes maiores, e como já tinha alguns anos de experiência conseguiu fechar acordos com eles.

Em segundo lugar, ele também estabeleceu termos de pagamento antecipados para seus clientes para que pudesse receber durante o serviço e não no fim.

Para empresas listadas em bolsas de valores, podemos encontrar algumas dessas informações nas notas fornecidas pela companhia em seu relatório anual.

De maneira alternativa, podemos participar de uma assembleia geral da empresa, que é realizada uma vez por ano para dar aos acionistas a oportunidade de interagir e colocar questões para a gerência da empresa, a fim de esclarecer quaisquer dúvidas que possam ter sobre ela.

Demonstração de Fluxo de Caixa

Quanto à empresa de Jane, vemos que o fluxo de caixa flutua, assim como seus lucros, pois ela está em um negócio cíclico. Observe que existem algumas excelentes empresas que podem apresentar lucros e fluxo de caixa relativamente consistentes mesmo em um ambiente de negócios cíclico. É provável que essas empresas tenham um forte componente sazonal em suas operações e um forte fosso econômico.

FLUXO DE CAIXA LIVRE

O segundo item que devemos analisar é o *fluxo de caixa livre* do negócio. Essa é a quantia que fica disponível para nós, os acionistas, depois de todas as principais despesas. O que isso realmente significa?

De maneira simples, significa que, se interrompermos as atividades da empresa neste momento, o dinheiro que temos direito a embolsar corresponde ao fluxo de caixa livre.

Não vamos nos aprofundar no cálculo dessa parte e nos termos contábeis do fluxo de caixa livre, pois na verdade muitos sites calculam esse número para nós. Também temos medo de que alguns de vocês queiram botar fogo nesse livro se entrarmos em detalhes muito técnicos.

Para explicações mais detalhadas, você pode, simplesmente, pesquisar no Google por "fluxo de caixa livre".

Eis aqui uma explicação simples para esse termo:

Fluxo de caixa operacional líquido — despesas de capital (aquelas necessárias para manter os ativos circulantes).

7 Segredos para Investir como Warren Buffett

Observe que há muitas variações e detalhes quando se trata de fluxo de caixa livre. Então, o importante é entender o princípio e como interpretá-lo.

Fluxo de caixa livre: Wong, Ahmed e Jane desde 2009			
	Wong	Ahmed	Jane
2009	US$2,5k	-US$200	US$650k
2010	US$4,3k	-US$500	-US$500k
2011	US$3,2k	-US$400	US$30k
2012	US$3,5k	- US$1,2k	US$210k
2013	US$2,8k	US$2,3k	US$9,2k
2014	US$4,3k	US$4,2k	-US$280k
2015	US$2,3k	US$7,2k	US$480k
2016	US$5,2k	US$8,1k	-US$98k
2017	US$5,4k	US$9,4k	US$280k
2018	US$3,5k	US$12k	US$520k

Você deve ter notado que os números do fluxo de caixa livre refletem os números do caixa operacional líquido, a menos que haja um gasto de capital enorme. Uma empresa com necessidade de grandes despesas de capital não é uma empresa muito fácil de administrar.

Usar uma grande parte de seu dinheiro para manter os ativos da empresa pode ser muito desgastante e estressante.

Demonstração de Fluxo de Caixa

SÍNTESE

Em síntese, analisamos as três demonstrações financeiras e podemos formar um checklist para avaliar os negócios.

Checklist de investimento		
	Item	Sim/Não
1	O patrimônio cresceu nos últimos 10 anos?	Um patrimônio crescente assemelha-se a um patrimônio líquido crescente de uma empresa.
2	O índice dívida sobre patrimônio líquido mais recente é menor do que 50%?	Uma empresa com uma dívida sobre patrimônio líquido assim indica que é financiada de forma conservadora.
3	Os lucros estão crescendo nos últimos 10 anos?	Queremos investir em empresas que tenham um bom histórico de 10 anos de lucro estáveis e crescentes.
4	O retorno sobre patrimônio líquido [ROE] é consistentemente alto (mais de 15% nos últimos 10 anos)?	Um ROE alto indica que a administração da empresa tem sido eficiente.
5	O fluxo de caixa livre da empresa é positivo nos últimos 10 anos? Queremos investir em empresas com o maior número de "sim" para essas perguntas.	Um fluxo de caixa livre consistentemente positivo indica que a empresa tem caixa suficiente para operar.

SEGREDO 6

VALUATION

CAPÍTULO 26

O que é "valuation"?

Valuation, neste caso, é o termo em inglês para "avaliação de empresas". Trata-se de uma técnica para estimar quanto vale uma empresa.

A capacidade de avaliar um investimento é a principal habilidade de um investidor em valor. Curiosamente, quando eu era um oficial do exército em tempo integral, aprendi a importância de avaliar as oportunidades, dados os recursos limitados que meus colegas soldados e eu tínhamos.

"Por favor, envie suporte aéreo quando entrarmos na área inimiga!", solicitei na ocasião.

"Não desperdiçamos nossa artilharia sobre soldados a pé. Vamos em busca de metas de alto retorno", me disse um dos oficiais da artilharia.

"O que você quer dizer com 'alto retorno'?", perguntei.

"Temos munição limitada", respondeu o oficial, "portanto é importante usá-la com sabedoria. Nosso objetivo é danificar os alvos que têm maior poder de fogo. Determinamos quais alvos podem nos causar mais danos e quais alvos são mais difíceis de destruir. Em seguida, comparamos nossas armas com as do inimigo para garantir que não façamos nossos disparos sobre soldados a pé. O retorno é muito baixo".

Para aqueles de nós que somos investidores, o dinheiro é nossa munição: nossas balas e mísseis. Dados nossos recursos, precisamos disparar contra

7 Segredos para Investir como Warren Buffett

metas de alto retorno. A maneira de fazer isso é entender quais ações oferecem os maiores retornos sobre os investimentos.

Nesta parte do livro, Mary e eu vamos compartilhar como usamos métodos simples e poderosos para decidir quando devemos, se você quiser chamar assim, puxar o gatilho e comprar uma ação.

O Segredo Da Avaliação De Ações

A ideia principal do investimento em valor é comprar um investimento por menos do que seu valor real; assim, você captura valor ao comprar a ação.

Imagine que você seja capaz de comprar um dólar com apenas 50 centavos.

Quantos dólares você vai comprar?

A resposta provavelmente será "o maior número possível".

Essa técnica de avaliação de ações [em inglês, "stock valuation"], foi desenvolvida por Benjamin Graham e David Dodd, da Columbia Business School, na década de 1920. Neste segmento, examinaremos diferentes técnicas de avaliação usadas pelos investidores.

À medida que for aprendendo sobre os diferentes métodos de avaliação, observe que nem todos eles são adequados para todos os tipos de negócios.

Agora é hora de se equipar com uma das habilidades mais poderosas que você pode desenvolver no mundo financeiro.

CAPÍTULO 27

A Técnica Net-Net de Graham

Benjamin Graham, o pai do investimento em valor, usou um método de avaliação conservador chamado Net-Net. Os princípios do investimento em valor foram derivados desse modelo de avaliação.

A Ideia-Chave Do Net-Net

A ideia principal do Net-Net é calcular primeiro quanto os acionistas receberiam se a empresa parasse de operar e devolvesse todo o dinheiro deles. Esta situação é conhecida como liquidação. Isso me lembra uma piada não tão engraçada, na verdade...

"Quem foi o investidor de maior sucesso na história?", ela começa.

A resposta: "Noé. Enquanto o mundo inteiro estava em 'liquidação', ele conseguiu manter os ativos acima da linha d'água."

Ok, não é tão engraçada. De qualquer forma, a ideia é poder comprar uma ação abaixo de seu valor de liquidação. Se conseguir fazer isso, você será todo sorrisos durante todo o caminho para o banco.

Para comprar uma ação por menos de seu valor real, precisamos:

1. Calcular o valor de liquidação;

2. Comprar as ações com uma margem de segurança (comprar com um desconto de 1/3).

CÁLCULO DO VALOR DO ATIVO CIRCULANTE LÍQUIDO

Então, como sabemos quanto receberemos se a empresa entrar em liquidação? O método conservador usado por Benjamin Graham foi calcular o que é conhecido como valor do ativo circulante líquido [sigla em inglês: NCAV]. Deixe-me explicar isso em termos leigos.

Conforme discutimos no capítulo 23, o balanço patrimonial de uma empresa nos diz o que ela tem e deve em um determinado momento. O balanço nos dirá quanto receberemos se a empresa fechar.

Ativo circulante líquido = ativo circulante – total do passivo

Usando as três empresas que examinamos anteriormente, podemos ver como o NCAV é derivado. Observe que algumas empresas têm NCAV negativo. Em outras palavras, o ativo circulante dessas empresas é menor que o total do passivo. O investimento Net-Net não é uma técnica adequada para essas empresas.

Balanço Patrimonial do Restaurante de Wong em 31 de dezembro de 2018			
Ativos		**Passivos**	
Ativos circulantes		**Passivos circulantes**	
Caixa	US$10.000	Contas a pagar	US$20.000
Estoque	US$20.000	Dívidas de curto prazo	US$5.000
Contas a receber	US$10.000		
Ativos não circulantes		**Passivos não circulantes**	
Móveis	US$50.000	Dívidas de longo prazo	US$30.000
Equipamentos	US$30.000		
Total de ativos	US$120.000	**Total de passivos**	US$70.000
		Capital líquido	
		Capital	US$30.000
		Lucros retidos	US$20.000
		Lucro líquido total	US$50.000

A Técnica Net-Net de Graham

Ativo circulante = caixa (US$10.000) + estoque (US$20.000) +
contas a receber (US$10.000) = US$40.000

Total do passivo = US$70.000

Ativo circulante líquido = US$40.000 – US$70.000 = -US$30.000 (NCAV
negativo)

Balanço Patrimonial da Consultoria de Ahmed em 31 de dezembro de 2018			
Ativos		**Passivos**	
Ativos circulantes		**Passivos circulantes**	
Caixa	US$10.000	Contas a pagar	US$0
Estoques	US$0	Débitos de curto prazo	US$5.000
Contas a receber	US$10.000		
Ações de empresas	US$30.000		
Ativos não circulantes		**Passivos não circulantes**	
Mobília	US$5.000	Dívidas de longo prazo	US$10.000
Equipamento	US$5.000		
Total de ativos	US$60.000	**Total de passivos**	US$15.000
		Patrimônio líquido	
		Capital	US$25.000
		Lucro acumulado	US$20.000
		Patrimônio total	US$45.000

Ativo circulante = caixa (US$10.000) + estoque (US$0) + Contas a
receber (US$10.000) + ações de empresas (US$30.000) = US$50.000

Total do passivo = US$15.000

Ativo circulante líquido = US$50.000 - US$15.000 = US$35.000

7 Segredos para Investir como Warren Buffett

Balanço patrimonial da construtora da Jane de 31 de dezembro de 2018			
Ativos		**Passivos**	
Ativos circulantes		**Passivos circulantes**	
Caixa	US$300.000	Contas a pagar	US$150.000
Estoque	US$200.000	Dívidas de curto prazo	US$100.000
Contas a receber	US$200.000		
Ativos não circulantes		**Passivos não circulantes**	
Equipamentos de escritório	US$150.000	Dívidas de longo prazo	US$400.000
Equipamentos	US$600.000		
Terras	US$500.000		
Total de ativos	US$1.950.000	Total de passivos	US$650.000
		Patrimônio líquido	
		Capital Social	US$800.000
		Lucros retidos	US$500.000
		Patrimônio líquido total	US$1.300.000

Ativo circulante = caixa (US$300.000) + estoque (US$200.000) + contas a receber (US$200.000) = US$700.000

Total de passivos = US$650.000

Ativo circulante líquido = US$700.000 - US$650.000 = US$50.000

Então, após calcularmos, podemos observar o seguinte:

NCAV do restaurante de Wong = -US$30.000

NCAV da Consultoria de Ahmed = US$35.000

NCAV da Construtora de Jane = US$50.000

A partir desses exemplos, podemos ver que o restaurante de Wong não é um bom candidato a compra usando a abordagem Net-Net, porque apresenta um NCAV negativo. Vamos dar uma olhada nas empresas de Ahmed e Jane.

A Técnica Net-Net de Graham

Precisamos dar mais um passo para determinar o valor do NCAV por ação. Você aprendeu como calcular o NCAV de uma empresa; agora é hora de aprender a calcular o NCAV por ação.

Vamos supor que Wong, Ahmed e Jane tenham sócios e acionistas em suas empresas. Observamos o número de ações em circulação; esse é o número total de ações detidas por todos os acionistas, incluindo grandes instituições, como bancos, e também a administração e os funcionários da empresa. Após falarmos com Wong, Ahmed e Jane, descobrimos o seguinte:

Ações em circulação do restaurante de Wong = 10.000

Ações em circulação da consultoria de Ahmed = 35.000

Ações em circulação da construtora de Jane = 20.000

Nós dividimos o NCAV de cada uma das empresas pelo número de ações em circulação para determinar o NCAV por ação:

NCAV por ação do restaurante de Wong = -US$3

NCAV por ação da consultoria de Ahmed = US$1

NCAV por ação da construtora de Jane = US$2,5

Temos, então, nossa primeira avaliação usando o modelo Net-Net de Benjamin Graham. Mas espere um pouco. O que deveríamos fazer para garantir que poderemos lucrar com essa avaliação? A resposta é: devemos comprar uma ação quando ela estiver desvalorizada. Podemos conseguir isso se comprarmos as ações a um preço abaixo do NCAV por ação. Se pudermos comprar ações da consultoria de Ahmed abaixo de US$1 dólar ou ações da construtora de Jane por menos de US$2,50, a transação será considerada um acordo subestimado (em inglês, "undervalue deal").

Em O investidor inteligente, Benjamin Graham explicou o conceito de margem de segurança. Muitos investidores consideram este o aspecto mais importante do investimento.

7 Segredos para Investir como Warren Buffett

De acordo com Graham:

Para se fazer um investimento real, é preciso haver uma margem de segurança real. E uma margem de segurança real é aquela que pode ser demonstrada em números, por raciocínios persuasivos, e tendo por referência um corpo de experiência real

MARGEM DE SEGURANÇA

Aí você pergunta: como encontramos investimentos com uma margem de segurança real? A resposta é: comprar ações subvalorizadas. Se quisermos usar a técnica Net-Net de Graham com sucesso, queremos pagar dois terços da NCAV por ação ou menos, independentemente do tipo de empresa. Em outras palavras, queremos uma ação que esteja com desconto de 33,3% (ou 1/3) quando comparada com o valor Net-Net, antes de estarmos dispostos a comprar as ações. Vamos usar a consultoria de Ahmed como exemplo.

O NCAV por ação é de US$1. Se quisermos obter um desconto de 1/3 (ou 33,3%), estaremos dispostos a pagar US$0,66 centavos (US$1 x 0,66).

Visualmente, temos:

A Técnica Net-Net de Graham

Como você pode ver, o método de avaliação Net-Net é muito conservador. Damos a nós mesmos uma enorme margem de segurança para que, mesmo que a empresa feche hoje, ainda possamos ganhar dinheiro.

Mas as coisas ainda podem dar errado, mesmo se você estiver usando esse método de avaliação. Se uma empresa perder dinheiro, mas optar por não fechar, seus ativos vão desaparecer ao longo do tempo, e isso fará com que o valor do ativo circulante líquido caia abaixo do nosso preço inicial original. Por isso é importante escolher uma empresa em que você confia, não importa o quão seguro possa parecer o método de avaliação que você usa. É isso que Warren chama de manter-se dentro de seu círculo de competência. Assim, quando analisamos o portfólio dele, vemos que Warren se apega a empresas que ele entende, empresas como Coca-Cola e American Express. Durante anos, Warren evitou as ações de tecnologia quando muitos outros investidores corriam para comprá-las porque, como ele disse, não as compreendia o suficiente para adquirir uma participação nelas.

CAPÍTULO 28

Price-to-Book Value

Este segundo método de avaliação é uma variação do Net-Net. Usar o "price-to-book value" ["valor patrimonial da ação", como conhecido no Brasil] é muito mais simples, pois são vários os sites financeiros que calculam esse indicador para os investidores. Apesar disso, ainda devemos entender o que ele significa e como determiná-lo.

A Ideia-Chave Do Price-To-Book Value

A ideia-chave desse método é comprar ações de uma boa empresa por um valor abaixo do valor líquido de seus ativos [NAV, na sigla em inglês], que também é conhecido por patrimônio líquido [e, nos EUA, por "book value" ou "valor contábil", em tradução livre]. Se olharmos para o balanço patrimonial, temos os ativos e os passivos, e também o patrimônio líquido.

Para ajudar a tornar as coisas o mais claro possível, lembre-se de que sempre que vir os seguintes termos, eles significam a mesma coisa:

NAV = valor líquido do ativo = valor contábil = patrimônio líquido

Quando usamos o price-to-book value para avaliar uma empresa por "entry points" [estratégia de negociação de compra ou venda que parte de um preço de entrada atrativo] a ideia novamente é comprar abaixo do valor líquido do ativo da empresa. Semelhante ao valor do ativo circulante líquido [NCAV, na

7 Segredos para Investir como Warren Buffett

sigla em inglês], o valor líquido do ativo é a quantia que os acionistas recuperam se a empresa for encerrada. A única diferença é que, em vez de pegar apenas o ativo circulante, também incluímos o ativo não circulante, já que, tecnicamente, os ativos não circulantes também pertencem aos acionistas.

O valor do ativo circulante líquido é uma avaliação mais conservadora do que a do price-to-book value, pois os ativos não circulantes, como móveis, terrenos e equipamentos, podem levar mais tempo para serem vendidos. Além disso, o valor que recuperaremos depois da venda deles pode não se comparar ao que avaliamos inicialmente. Imagine ter que vender seu carro, sua casa, ou sua loja imediatamente antes de fechar seu negócio. As chances de obter um bom preço não são muito altas.

O price-to-book value é o método mais frequentemente usado por contadores e empresas de investimento e, portanto, mais fácil de encontrar em sites.

Antes de calcularmos o price-to-book value, deixe-me compartilhar uma história com você. Uma mulher se vangloriou para suas amigas: "Meu marido é multimilionário. E estou certa de que a razão de sua riqueza, em grande medida, sou eu." Suas amigas se cansaram desse tom vaidoso e disseram: "Então, se você é indispensável para a riqueza dele, significa que ele te ama?" E a mulher respondeu: "Não tenho certeza. Antes de me conhecer, ele era multibilionário".

Essa história nos lembra que o patrimônio líquido de uma empresa, assim como o patrimônio líquido de uma pessoa, pode diminuir caso a riqueza da pessoa ou da empresa não seja bem gerenciada. É por isso que devemos aplicar sempre a margem de segurança.

Então, como usamos o price-to-book value e adicionamos uma margem de segurança? Primeiramente, usando as empresas de Wong, Ahmed e Jane como exemplos, vamos determinar o valor líquido do ativo de uma empresa (ou patrimônio líquido).

Price-to-Book Value

Balanço Patrimonial do restaurante de Wong em 31 de dezembro de 2018			
Ativos		**Passivos**	
Ativos circulantes			
Caixa	US$10.000	Contas a pagar	US$20.000
Estoque	US$20.000	Empréstimo a prazo	US$20.000
Contas a receber	US$10.000		
Ativos não circulantes		**Passivos não circulantes**	
Mobília	US$50.000	Dívidas de longo prazo	US$30.000
Equipamento	US$30.000		
Total de ativos	**US$120.000**	**Total de passivos**	**US$70.000**
		Patrimônio líquido	
		Capital social	US$30.000
		Lucros acumulados	US$20.000
		Patrimônio líquido total	US$50.000

O balanço patrimonial nos mostra que o patrimônio líquido do restaurante de Wong é de US$50 mil.

7 Segredos para Investir como Warren Buffett

Balanço Patrimonial da Consultoria de Ahmed em 31 de dezembro de 2018			
Ativos		**Passivos**	
Ativos circulantes		**Passivos circulantes**	
Caixa	US$40.000	Contas a pagar	US$0
Estoques	US$0	Dívidas de curto prazo	US$5.000
Contas a receber	US$10.000		
Ativos não circulantes		**Passivos não circulantes**	
Mobília	US$5.000	Dívidas de longo prazo	US$10.000
Equipamento	US$5.000		
Total de ativos	**US$60.000**	**Total de passivos**	**US$15.000**
		Patrimônio líquido	
		Capital	US$25.000
		Lucro acumulado	US$20.000
		Patrimônio total	**US$45.000**

O lucro líquido total da consultoria de Ahmed é de US$45 mil.

Price-to-Book Value

Balanço patrimonial da construtora da Jane de 31 de dezembro de 2018			
Ativos		**Passivos**	
Ativos circulantes		**Passivos circulantes**	
Caixa	US$300.000	Contas a pagar	US$150.000
Estoque	US$200.000	Dívidas de curto prazo	US$100.000
Contas a receber	US$200.000		
Ativos não circulantes		**Passivos não circulantes**	
Equipamentos de escritório	US$150.000	Dívidas de longo prazo	US$400.000
Equipamentos	US$600.000		
Terras	US$500.000		
Total de ativos	US$1.950.000	**Total de passivos**	US$650.000
		Patrimônio líquido	
		Capital Social	US$800.000
		Lucros retidos	US$500.000
		Patrimônio líquido total	US$1.300.000

O Patrimônio líquido total da Construtora de Jane é de US$1,3 milhão.

Após checar os balanços, notamos o seguinte:

NAV do restaurante de Wong = US$50.000

NAV da consultoria de Ahmed = US$45.000

NAV da construtora de Jane = US$1.300.000

7 Segredos para Investir como Warren Buffett

Agora, precisamos descobrir qual é o NAV por ação. Nós consultamos o número de ações em circulação.

Ações em circulação do restaurante de Wong = 10.000

Ações em circulação da consultoria de Ahmed = 35.000

Ações em circulação da construtora de Jane = 20.000

E dividimos o NAV de cada uma das empresas pelas ações em circulação para obter:

NAV por ação do restaurante de Wong = US$5

NAV por ação da consultoria de Ahmed = US$1,29

NAV por ação da construtora de Jane = US$65

Como podemos ver, o NAV por ação dessas empresas aumentou de modo significativo quando consideramos os ativos não circulantes, os quais podem ter um valor significativamente alto. Por exemplo, no caso da construtora de Jane, a empresa tem terrenos, prédios etc.

Como mencionado antes, precisamos definir uma margem de segurança. Queremos comprar uma ação apenas quando ela estiver com, pelo menos, 20% de desconto do NAV por ação. Assim, nos três exemplos anteriores, nosso ponto de entrada ["entry point", em inglês"] para cada um deles será o seguinte:

Com 20% de desconto no NAV por ação em cada uma das empresas, compraremos as ações delas por, no máximo, 80% do valor de seu NAV. (Como queremos 20% de desconto, estaremos dispostos a pagar 80%).

Preço de entrada para o restaurante de Wong = US$5 x 0,8 = US$4

Preço de entrada para a consultoria de Ahmed = US$1,29 x 0,8 =US$1,03

Preço de entrada para a construtora de Jane = US$65 x 0,8 = US$52

Há duas coisas a serem observadas antes de finalizarmos esta parte do livro. Primeiro, o termo que usamos é price-to-book value (ou NAV). E quando

Price-to-Book Value

usamos os sites para encontrar ações subvalorizadas, procuramos por ações com um price-to-book value que é de 0,8 ou menos.

Deixe-me explicar. Quando usamos o termo *price*, significa o preço da ação na bolsa; quando usamos o termo *book*, neste caso significa "book value", ou valor patrimonial da ação (ou seja, o valor da ação conforme a contabilidade da empresa.

Vamos usar o restaurante de Wong como exemplo. Queremos comprar ações da empresa de Wong quando seu price-to-book value for de 0,8 ou menos.

Preço da ação/NAV ≤ 0,8

Uma vez que o NAV por ação de Wong é de US$5, a equação fica assim:

Preço da ação/US$5 ≤ 0,8

Trazendo os US$5 para o outro lado da equação, temos:

Preço da ação ≤ 0,8xUS$5

Portanto, nosso plano de jogo é comprar ações de Wong quando:

Preço da ação ≤ US$4

Essa é a maneira como calculamos o preço de partida de US$4 para o restaurante de Wong mencionado anteriormente. A razão pela qual convertemos isso em price-to-book value é porque a maioria dos sites de finanças apresentam a informação nesse formato.

Assim, quando vemos que o price-to-book é de 0,8 ou menos, sabemos que a ação está no preço que queremos. Por exemplo, se o price/book (P/B) é de 0,6 para o restaurante de Wong, significa que o preço da ação é, atualmente, de 60% de seu NAV. Isso é considerado um bom desconto de 40%.

A segunda coisa a se notar é que nem todas as empresas precisam de muitos ativos para funcionar. Isso torna praticamente impossível comprar essas empresas abaixo do NAV.

7 Segredos para Investir como Warren Buffett

Por exemplo, se compararmos a consultoria de Ahmed com a construtora de Jane, é improvável que pudéssemos comprar a empresa de Ahmed abaixo do NAV, porque os negócios de Ahmed são baseados em serviços e não precisam de grandes ativos para operar.

Reunimos algumas informações sobre ações populares [nos EUA] como referência. Vamos ver isso.

Calcule o índice price-to-book para cada uma delas (dados de junho de 2018).

Nome	Tipo de negócio	Preço	NAV	Preço da ação/NAV
Google	Mídia online	US$970,12	US$209,64	
Facebook	Mídia online	US$149,60	US$21,46	
Prudential Financial Inc.	Seguros	US$107,75	US$109,05	
Bank of America	Bancos	US$23,67	US$24,41	

Price-to-Book Value

Eis os respectivos índices price-to-book:

Nome	Tipo de negócio	Preço	Valor contábil	Preço/ valor contábil
Google	Mídia online	US$970,12	US$209,64	4,63
Facebook	Mídia online	US$149,60	US$21,46	6,97
Prudential Financial Inc.	Seguros	US$107,75	US$109,05	0,99
Bank of America	Bancos	US$23,67	US$24,41	0,97

Como podemos observar, é muito improvável que consigamos comprar ações de uma empresa como o Google ou o Facebook abaixo de seu NAV. O motivo disso é porque essas empresas são valorizadas, primariamente, por sua capacidade de produzir lucros e crescer.

Por outro lado, é mais fácil que consigamos comprar ações de companhias de seguros e bancos abaixo de seu NAV, porque essas companhias requerem mais patrimônio líquido — nesse caso, caixa — para operar com lucro. Warren possui participação em muitas companhias de seguro e bancos, tais como GEICO, General Reinsurance, Torchmark, Bank of America, Wells Fargo e Goldman Sachs.

Portanto, nós só usamos o price-to-book para avaliar empresas que exigem muitos ativos físicos em suas operações do dia a dia. Discutiremos outros tipos de empresas nos capítulos 29 a 31.

CAPÍTULO 29

Índice Preço/Lucro

O índice preço/lucro [P/L] é outra ferramenta frequentemente utilizada para determinar se uma empresa proporciona um bom valor aos investidores. Aqui, em vez de avaliar uma empresa com base no valor de seus ativos, examinamos sua capacidade de obter lucros, ou seja, seu *índice preço/lucro* [P/L].

A Ideia-Chave Do Índice Preço/Lucro (P/L)

O objetivo é conhecer o ponto de equilíbrio [em inglês, "break even point"], ou seja, no caso das ações, a partir de qual cotação o investidor ganha, evitando assim pagar um preço muito alto em relação ao quanto a empresa é capaz de lucrar.

7 Segredos para Investir como Warren Buffett

Vamos usar o restaurante de Wong como exemplo. Aqui está sua demonstração de resultados novamente:

Demonstração de resultados do restaurante de Wong para o ano encerrado em 31 de dezembro de 2018	
Renda	
Receita	US$50.000
Custo dos produtos vendidos	US$25.000
Lucro bruto	**US$25.000**
Menos despesas	
Aluguel	US$7.000
Salários	US$7.000
Depreciação	US$2.000
Contas de energia elétrica	US$1.000
Juros bancários	US$2.000
Despesas totais	**US$19.000**
Lucro antes dos impostos	US$6.000
Impostos	(US$1.000)
Receita líquida	**US$5.000**

Vimos que o restaurante de Wong ganha, em termos líquidos, US$5 mil em um ano. Portanto, os "lucros" da empresa são de US$5 mil. Se fizéssemos uma oferta para comprá-la, esse seria conhecido como o "preço" que desejaríamos pagar.

Índice Preço/Lucro

Vamos assumir que queremos oferecer US$50 mil pelo negócio de Wong, mas Wong faz uma contra oferta com um preço de US$100 mil (claro que ele quer mais por sua empresa). Os dois preços diferentes podem ser analisados por meio de dois índices P/L diferentes.

A um preço de US$50 mil, o negócio de Wong produz US$5 mil de lucros; portanto, o índice P/L é de:

US$50.000/US$5.000 = 10 vezes o lucro, ou um P/L de 10.

Em outras palavras, podemos esperar 10 anos para alcançar o ponto de equilíbrio, se pagarmos US$50.000 para um P/L de 10.

Por um preço de US$100 mil, a empresa de Wong ainda produz US$5 mil de lucros; portanto, o P/L, nesse caso, é de:

US$100.000/US$5.000 = 20 vezes o lucro, ou um P/L de 20.

Nesse caso, esperamos que demore 20 anos para que a empresa alcance seu ponto de equilíbrio. Agora vem a questão importante: você investiria em um negócio de 10 x P/L ou 20 x P/L?

O Que É Um Bom P/L?

Tudo o mais constante, podemos dizer que queremos comprar uma companhia com um P/L o mais baixo possível, indicando que a empresa precisará de menos tempo para alcançar seu ponto de equilíbrio do que uma companhia com um P/L mais alto. Algo a se notar é que empresas de diferentes setores de atividade crescem a taxas diferentes. Por exemplo, o setor de tecnologia tem crescido mais rapidamente do que setores tradicionais, como tijolos e argamassa. Essas taxas de crescimento afetam o P/L do setor. Quando o mercado espera que o setor cresça mais rapidamente, há maior disposição para pagar um P/L mais elevado para comprar a empresa.

7 Segredos para Investir como Warren Buffett

Em junho de 2018, estas eram as taxas médias do índice P/L para cada setor de atividade:

Setor	P/E
Energia	-38,5
Serviços financeiros	16
Ind. alimentos, bebidas e produtos pessoais	19,9
Indústria	21,9
Serviços de utilidade pública	35,2
Consumo cíclico	22,2
Matérias básicas	36
Setor de saúde	21,5
Serviços de comunicação	20,3
Tecnologia	26,3
Setor imobiliário	22,6
S&P 500	25,7

Podemos ver que o setor de serviços financeiros tem um P/L menor em relação aos outros setores. O setor de Serviços de Utilidade Pública tem o maior P/L de junho de 2018. Energia tem um índice negativo, porque, nos Estados Unidos, muitas companhias de petróleo e gás perderam dinheiro durante esse período e, portanto, apresentaram um "ganho negativo".

Queremos encontrar bons investimentos em setores de atividade com um P/L baixo ou, até mesmo, negativo. Mas lembre-se de que os investimentos devem estar dentro de seu círculo de competência ou interesse.

Índice Preço/Lucro

Também precisamos saber o que constitui um bom P/L para entrar em um investimento. Uma posição relativamente segura é comprar uma ação cujo P/L esteja 30% abaixo do P/L médio.

Por exemplo, ao olhar para o P/L da Visa nos últimos 10 anos, verificamos na tabela que, em média, o índice P/L da companhia é de 29,62.

Visa	
2009	25,88
2010	16,7
2011	19,7
2012	42,2
2013	29,3
2014	30,4
2015	30,06
2016	31,4
2017	40,72
2018	29,85
Média	29,62

Portanto, um bom índice P/L para investir na Visa será: 29,62 x 0,7 = 20,73. Como saberemos quando a Visa atingiu um índice P/L de 20,73? Primeiro, checamos o lucro por ação (LPA) da empresa.

O LPA é, simplesmente, o lucro total de uma empresa dividido pelo número de ações em circulação. Para calcular o patrimônio líquido por ação, procuramos conhecer o valor intrínseco [ou "preço justo"] da ação, e não o patrimônio líquido.

Verificando na internet, vemos que o LPA da Visa está, atualmente, em US$4,65. Portanto, posso comprar ações da empresa quando a cotação delas atingir US$4,65 x 20,73 = US$96,39 por ação.

7 Segredos para Investir como Warren Buffett

Vamos revisar como usar o índice P/L:

Etapa 1: procure a taxa média histórica do P/L pesquisando na internet. Exemplo: a média da Visa é 29,62.

Etapa 2: tome 30% do P/L médio para garantir uma margem de segurança. Multiplique o P/L médio da Visa de 29,62 por 0,7 para obter 20,73. Esse é o índice de P/L 30% abaixo da média da empresa.

Etapa 3: procure o lucro por ação atual (LPA). O LPA atual da Visa é de US$4,65.

Etapa 4: multiplique o LPA pelo P/L descontado para obter o preço de entrada. O LPA da Visa é de US$4,65; multiplicamos por 20,73 para obter US$96,39.

Portanto, se o preço da ação da Visa cair para US$96,39, ou menos, podemos comprá-la. Atualmente, o mercado de ações está em alta. O preço das ações da Visa é muito superior ao nosso preço de entrada desejado. Então, vamos esperar para investir.

CAPÍTULO 30

Índice de Rendimento de Dividendos

O índice de rendimento de dividendos [em inglês, "Dividend Yield"], é usado para avaliar as ações em que investimos quanto a seus rendimentos.

A Ideia-Chave Do Índice Rendimento De Dividendo

A ideia é fazer bons negócios comprando ações de empresas que estão pagando dividendos consistentes a um bom ritmo. A maneira de calcular isso é determinar o *índice de rendimento de dividendos*.

Para calcular esse indicador, comparamos o dividendo esperado por ação ao preço que estamos pagando por ela.

Por exemplo, se pagamos US$1 pela ação ABC e esperamos que a ABC pague US$0,10 de dividendo por ação por ano, o índice de rendimento de dividendos será:

Dividendo esperado por ação por ano/preço da ação =

US$0,1/US$1,00 = 10%.

Você provavelmente percebeu que o índice de rendimento de dividendos é um modo de calcular nosso retorno sobre a quantia que gastamos na compra da ação.

7 Segredos para Investir como Warren Buffett

Há algumas coisas a serem observadas ao usar o índice de rendimento de dividendos para comprar ações que geram dividendos:

1. Verifique a consistência do dividendo pago pela empresa. Ela deverá ter pago dividendos consistentes nos últimos dez anos para que a consideremos uma companhia com pagamento de dividendos estável;

2. Procure por índices de rendimento de dividendo que sejam bem superiores às taxas livres de risco. As taxas livres de risco, nos EUA, serão as mais altas das taxas atuais de títulos da dívida pública ou taxas de depósitos interbancários. Como regra, o índice de rendimento de dividendos deve ser pelo menos 2% [dois pontos porcentuais] maior que a taxa livre de risco.

CAPÍTULO 31

Fórmula de Crescimento

Aqui está uma fórmula que não é comumente conhecida. Nós a chamamos de fórmula secreta de Graham para crescimento de ações.

A Ideia-Chave Da Fórmula De Crescimento

A ideia é que o índice P/L não leva em consideração o fato de que as empresas podem crescer.

Graham incluiu um *índice de expectativa de crescimento* no modelo da fórmula de crescimento a fim de obter um valor intrínseco.

Eis a fórmula:

V = LPA x (8,5 + 2g)

Onde:

V é o valor intrínseco;

LPA é o mais recente lucro por ação;

8,5 é o índice P/L atribuído da ação com taxa de crescimento de 0%; e

g é a taxa de crescimento esperado para os próximos dez anos.

Para determinar um índice de expectativa de crescimento, usamos a taxa de crescimento dos últimos dez anos.

7 Segredos para Investir como Warren Buffett

Se usarmos o exemplo do Google, em dezembro de 2018, temos:

LPA = US$43,70

Taxa de crescimento nos últimos 10 anos = 20,7%

Baseado no modelo de crescimento de Graham, o valor intrínseco do Google é o seguinte:

$V = LPA \times (8,5 + 2g)$

$V = US\$43,70 \times [8,5 + 2(20,70)]$

$V = US\$2.180,63$

Consideraremos um desconto de 30%, conhecido como margem de segurança, e obteremos um preço inicial de US$2.180,63 × 0,7 = US$1.526,44.

SEGREDO 7

GESTÃO DE PORTFÓLIO

CAPÍTULO 32

O que é gestão de portfólio?

Fui convidado a visitar 24 cidades diferentes ao redor do mundo para compartilhar minhas ideias sobre investimento. Nessas ocasiões tive a oportunidade de falar para diferentes pessoas de todo o mundo. Sempre acho especialmente intrigante quando falo com corretores de ações. Isso porque, independentemente de onde eles vêm, todos têm uma perspectiva semelhante. Eu me lembro da primeira vez que ouvi um corretor em Chipre; ele disse:

"Quando um cliente abre uma conta de corretagem comigo posso saber em três meses se será um investidor lucrativo."

"Como você sabe?", perguntei, curioso.

"É muito simples. Em geral, existem dois tipos de investidores: um que diversifica e outro que não. Aquele que não diversifica pode ganhar algum dinheiro inicialmente, mas acaba perdendo tudo. Ninguém pode estar certo o tempo todo. Aquele que diversifica continuará a sobreviver no mercado financeiro por tempo suficiente para realmente descobrir o que está acontecendo e começar a se tornar verdadeiramente rentável. E, em três meses, posso observar facilmente quais clientes meus têm disciplina para diversificar e quais têm uma mentalidade tipo 'tudo ou nada'".

Como meu amigo corretor de Chipre disse muito bem: "Ninguém pode estar certo o tempo todo." Portanto, diversificar nosso portfólio mostra que somos humildes e inteligentes o suficiente para dar a nós mesmos o direito de estarmos errados e ainda ter a capacidade de lucrar com nosso portfólio

7 Segredos para Investir como Warren Buffett

geral. Warren tem uma regra de investimento: "nunca perca dinheiro!" Isso não quer dizer que não podemos errar nunca em nossa seleção de ações, mas que podemos ter um plano para contabilizar possíveis erros e ainda ser rentável no geral.

No próximo capítulo, compartilharemos algumas ideias específicas sobre como você pode fazer isso.

CAPÍTULO 33

Regras de Gestão de Portfólio

Você já ouviu o ditado "não coloque todos os ovos em uma mesma cesta"? Ele fala da importância de diversificar nossos investimentos para gerenciar o risco, de modo que um desastre não acabe com nossas finanças. O Rei Salomão, uma das pessoas mais ricas e sábias da história, nos aconselhou: "Reparte com sete, e ainda até com oito, porque não sabes que mal haverá sobre a terra." (Eclesiastes 11:2).

Com sentido semelhante, Warren certa vez disse: "Diversificação é proteção contra a ignorância." Seu portfólio contém mais de 40 empresas listadas em bolsa e centenas de empresas de propriedade privada da Berkshire.

Eu cometi o erro de colocar todo meu dinheiro de investimento em único tipo de ação, e depois percebi que mesmo o melhor investimento nunca é bom demais para não fracassar.

7 Segredos para Investir como Warren Buffett

Então, eis as principais regras de gerenciamento de portfólio que Mary e eu lhe sugerimos adotar:

Regra n°1: Comece com a alocação de fundos.

Em determinado momento, você decide quanto será investido e quanto ficará reservado para oportunidades de investimento futuras.

Isso realmente depende de sua avaliação de quão caro o mercado está em um certo momento, e qual a probabilidade de uma correção ocorrer em breve. Geralmente, você deve deixar de lado suas preferências pessoais e avaliar a economia objetivamente, como avaliaria uma empresa.

Podemos olhar para o índice P/L de todo o mercado e ver se está sub ou superestimado. Se estiver subestimado, podemos comprometer mais fundos para investir. Se estiver superestimado, podemos reservar mais dinheiro pronto para aplicar em possíveis boas oportunidades quando o mercado se corrigir. Foi o que Warren fez em 1969, quando ele liquidou seu fundo de gestão de recursos, Buffet Partnership Limited, e ficou fora do mercado porque as ações estavam supervalorizadas. Ele voltou quatro anos depois e se descreveu como "um cara com forte apetite sexual em um harém". Esse movimento permitiu que ele evitasse a quebra entre 1971 e 1974

Regra n°2: nunca coloque mais do que 10% em ação nenhuma.

De acordo com essa regra, seu portfólio provavelmente conterá de 15 a 20 ações. "Espere um minuto", você pode perguntar, "não devo ter apenas 10 ações, já que investirei 10% em cada ação?"

A regra é que seu investimento máximo em cada ação seja de 10%. E você só deve comprometer os 10% totais nas ações em que confia muito. Isso nos leva a nossa próxima regra.

Regras de Gestão de Portfólio

Regra nº3: ações mais fortes, peso maior.

Quando elaboramos uma lista de ações que desejamos comprar, uma boa ideia seria classificá-las em termos de quão confiante estamos em suas perspectivas. Se temos uma lista de 20 ações que queremos comprar, teremos mais confiança em algumas do que em outras. Você pode ranqueá-las de 1 a 20 ou agrupá-las em faixas ou notas — por exemplo, nota A, nota B.

Evidentemente, queremos comprar todas as ações nota A, mas essas ações nem sempre podem estar subavaliadas. No entanto, quando chegar o momento certo para comprarmos essas ações, é lógico comprometer mais fundos nela. Por exemplo, uma ação nota A pode justificar a alocação de 10%; uma ação nota B pode justificar o comprometimento de apenas 9% e uma nota C, 8%. O princípio subjacente é atribuir maior peso a ações mais fortes.

Regra nº4: revise seu portfólio pelo menos uma vez ao ano.

Uma pergunta comum é "com que frequência monitoramos ou revemos nosso portfólio?" Nossa sugestão: pelo menos uma vez ao ano. As empresas listadas em bolsa divulgam seus relatórios anualmente. Como essas empresas também o fazem trimestralmente, pode ser uma ideia examiná-los para verificar o desempenho delas. Normalmente, precisaremos ficar atentos a situações especiais e notícias fora do comum que a companhia anuncie. Se isso acontecer, temos que nos perguntar se continuaremos a manter a ação. Isso nos leva a nosso último ponto.

Regra nº5: não venda apenas com base no preço.

A essa altura, muitos investidores devem estar se perguntando: "Quando eu vendo? E se o preço das ações cair ou subir significativamente?"

A resposta a essa questão é nunca basear sua decisão para a venda somente na cotação.

7 Segredos para Investir como Warren Buffett

Quando compramos ações de uma empresa, queremos ver isso como se estivéssemos empregando essa empresa para trabalhar para nós em nosso portfólio. Portanto, a pergunta deveria ser: "Quando encerraremos os serviços deste funcionário?" E a resposta deverá ser: "Quando este funcionário não for mais um bom funcionário."

Isso significa que devemos rever a performance dos negócios junto com o preço das ações.

QUANDO A COTAÇÃO DA AÇÃO CAI

Suponha que você comprou uma ação e o preço dela caiu 20%. Você não deve ter pressa para vendê-la. Em vez disso, você revisa o desempenho da empresa. Se os fundamentos declinaram e você perdeu a confiança nela, pode vender. Mas, se os fundamentos de longo prazo ainda são bons, você não deve vender; de fato, pode considerar comprar mais dessa ação. Warren adora comprar ações quando seus preços caem e ele avalia seus fundamentos como sendo sólidos. A American Express foi um desses exemplos. Em 1963, a companhia sofreu perdas devido ao "escândalo da soja", que os deixou com US$60 milhões em perdas. A cotação das ações caiu de US$65 em novembro de 1963 para US$37 em janeiro de 1964, um declínio de 43% em menos de 90 dias. Warren decidiu comprar ações da American Express, injetando um investimento de US$13 milhões, o que representava 40% do dinheiro da, então, parceira. Esse investimento inicial de US$13 milhões na American Express tem crescido e hoje (março de 2019), está em US$14,4 bilhões.

Regras de Gestão de Portfólio

Quando A Cotação Das Ações Sobe

Outro cenário é quando o preço da ação aumenta repentina e significativamente. Pode haver a tentação de vendê-la e embolsar os lucros. Não tenha pressa em fazer isso e não cometa o erro de vender ações muito cedo.

O que eu devo fazer? Você deve rever a performance do negócio e reavaliar o preço baseado nos métodos de avaliação discutidos anteriormente neste livro. Se a empresa estiver com um bom desempenho, talvez você não queira vender a ação porque, baseado em uma nova avaliação, pode ser considerada subvalorizada. Na verdade, você deve escolher comprar mais dela.

Mas, se você perceber que o aumento da cotação fez com que as ações ficassem supervalorizadas, você pode vendê-las para ganhar mais dinheiro e, então, comprá-las de volta depois se o preço cair.

Tudo remonta aos fundamentos!

E lembre-se: Benjamin Graham disse que um investimento é mais inteligente quanto mais profissional for. Portanto, pense pragmaticamente e construa um portfólio repleto de ótimas empresas.

CONCLUSÃO

CAPÍTULO 34

O Mindset do Investidor de Sucesso

Na época em que eu servia em uma unidade militar, meu pelotão dava um prêmio ao soldado do mês. Em várias ocasiões, o vencedor não era escolhido em virtude de sua força, velocidade ou pontaria. Ele era escolhido por ter demonstrado a melhor atitude.

Isso é verdadeiro tanto para investidores quanto para soldados. O mercado não premia a pessoa mais inteligente de Wall Street. Até Isaac Newton, um gênio, perdeu milhões de dólares no mercado de ações.

Em uma versão atualizada de *O Investidor Inteligente*, de Benjamin Graham, Jason Zweig, do *Wall Street Journal*, incluiu uma pequena história sobre as aventuras de Newton como investidor na South Sea Company:

> Na primavera de 1720, Sir Isaac Newton tinha ações da South Sea Company, a ação que despertava mais interesse da Inglaterra. Sentindo que o mercado estava ficando fora de controle, o grande físico, resmungando, disse que ele "poderia calcular os movimentos dos corpos celestes, mas não as loucuras das pessoas".
>
> Newton se desfez de suas ações da South Sea, obtendo um lucro de 100%, que significava um total de £$7 mil. Mas alguns meses depois, levado pelo desenfreado entusiasmo do mercado, Newton comprou as ações a um preço muito alto — e perdeu £$20 mil (ou mais de US$3 milhões em dinheiro de hoje [anos 2002/2003]. Pelo resto de sua vida,

7 Segredos para Investir como Warren Buffett

ele proibiu qualquer um de pronunciar as palavras "South Sea" em sua presença.

Se uma das pessoas mais inteligentes da Terra não pode bater o mercado, como tantas outras podem prosperar nele?

Warren Buffett lançou alguma luz sobre tal enigma quando disse: "Se cálculo ou álgebra fossem necessários para ser um bom investidor, eu teria que voltar a entregar jornais."

Peter Lynch, um lendário investidor que obteve retornos médios anuais de 29,2% entre 1977 e 1990 como gestor do Magellan Fund, na Fidelity Investments, afirmou: "Vinte anos nesse negócio me convenceram que qualquer pessoa normal, que use os 3% habituais do cérebro, pode escolher ações da mesma forma, se não melhor, do que um especialista, em média, de Wall Street."

Não precisamos ser gênios para investir. Na verdade, muitas pessoas inteligentes são más investidoras porque confiam demais em sua inteligência. Ironicamente, a maneira de investir é permanecer simples. Esta citação de Warren Buffet resume a questão de uma maneira interessante: "Parece haver alguma característica humana perversa que gosta de tornar difíceis as coisas fáceis."

Em nossas andanças como investidores, nos deparamos com mães que trabalham em casa, motoristas de táxi e operários que montam portfólios substanciais.

Fazemos menção especial a esses grupos porque eles, geralmente, têm menos dinheiro para guardar e menos recursos para começar. Mas são investidores mais bem-sucedidos do que muitos indivíduos ricos que conhecemos. Depois de passar um tempo com alguns investidores, percebemos que a diferença entre um bom e um mau investidor reside não apenas nas técnicas usadas para escolher ações, mas no mindset ["mentalidade"] do investidor!

O Mindset do Investidor de Sucesso

Aqui estão algumas das características-chave que compõem o mindset dos investidores de sucesso:

1. Paciência

   Em nossa jornada como investidores, conhecemos muitas pessoas que fracassaram e deram um fim em seu portfólio devido à busca pelo enriquecimento rápido. Mas, como disse Warren Buffet: "Não importa quão grande seja seu talento ou seu empenho, algumas coisas levam tempo. Você não pode fazer um bebê em um mês engravidando nove mulheres."

   A impaciência e a ânsia por enriquecer rápido é a principal causa de investimentos fracassados e pessoas caindo em fraudes que prometem altos retornos. É importante reconhecer e estar ciente da necessidade de ser paciente.

   George Soros disse, certa vez: "Se investir é entretenimento, caso você esteja se divertindo, você provavelmente não está ganhando dinheiro. Um bom investimento é aborrecido."

2. Pensamento independente

   Ainda estamos para conhecer um investidor que enriqueceu apenas seguindo dicas e boatos. Todos os investidores de sucesso praticam o pensamento independente e são responsáveis por tomar a decisão final sobre investir em uma determinada ação. Isso é às vezes conhecido como pensamento contrário. Um bom exemplo disso ocorreu quando, no fim dos anos 1990, Warren se recusou a entrar na onda das pontocom, uma decisão pela qual foi ridicularizado. No fim de dezembro de 1999, a revista Barron's chegou a publicar um artigo intitulado "O que está errado, Warren?", no qual sugeria que Warren poderia ter perdido seu toque mágico, pois as ações das empresas de tecnologia listadas na NASDAQ subiram 145%, enquanto a Berkshire, intransigente na manutenção de suas ações, caiu 44%. E, então, como já sabemos, a bolha das pontocom estourou. Ser capaz de resistir à tentação de seguir a multidão é a marca de um verdadeiro investidor que opera na contramão do mercado.

Como disse Peter Lynch: "Embora alguns possam considerar, equivocadamente, o investimento em valor como uma ferramenta mecânica para identificar pechinchas, ele é, na verdade, uma filosofia de investimento abrangente que enfatiza a necessidade de realizar análises fundamentalistas aprofundadas, buscar resultados de investimentos de longo prazo, mitigar riscos e resistir à psicologia das multidões."

É muito importante praticar o pensamento independente e resistir ao que é popular.

3. Foco

Outra característica fundamental de um investidor é manter o foco e não embarcar em cada nova ideia que apareça.

Charlie Munger, parceiro de negócios de Warren Buffett, colocou muito bem essa questão quando afirmou que "nosso trabalho é encontrar algumas coisas inteligentes a fazer, não acompanhar cada maldita coisa do mundo".

Um investidor forte precisa se concentrar no que sabe melhor. Mencionamos o círculo de competência anteriormente neste livro; é muito importante manter o foco e cumpri-lo.

4. Consistência

Podemos ver muita sobreposição entre as características. Ser consistente é um aspecto importante.

O investidor individual deve agir consistentemente como um investidor e não como um especulador.

BENJAMIN GRAHAM

CAPÍTULO 35

Um Plano de Jogo para um Portfólio Multimilionário

Parabéns por chegar a esta parte da jornada! Depois de ler os capítulos anteriores, você certamente adquiriu bastante conhecimento sobre investimento. Como diz o ditado: "conhecimento é poder"; no entanto, esse conhecimento permanecerá apenas como um poder em potencial até que seja aplicado.

Mary e eu reunimos o que achamos ser o roteiro ideal para ajudá-lo a obter sucesso financeiro.

Aqui estão os cinco passos que você deve dar para colocar em uso o que aprendeu:

1. Pague primeiro a você mesmo;

2. Economize para um fundo de emergência;

3. Faça um seguro;

4. Pague suas dívidas;

5. Aplique e reaplique.

7 Segredos para Investir como Warren Buffett

Observe que essas etapas podem ser realizadas simultaneamente.

1. **Pague a si mesmo primeiro.**

   Comece pagando a você!

   A maioria das pessoas costuma usar seus suados ganhos mensais para pagar contas telefônicas, contas de serviços, hipotecas, transporte, alimentos, roupas e outras necessidades, e não guarda nada.

   Sugerimos que você reserve uma certa quantia do seu salário e pague a si próprio antes de pagar qualquer outra pessoa.

   Recomendamos que você reserve pelo menos 10% de seu salário todos os meses. Quanto mais você reservar para seu sucesso financeiro, mais rapidamente poderá alcançar seus objetivos. Portanto, adquira o hábito de guardar dinheiro assim que receber seu salário.

2. **Economize para um fundo de emergência.**

   A primeira coisa que você deve fazer com o dinheiro que reserva todos os meses é acumular dinheiro para um fundo de emergência, isto é, para necessidades ou imprevistos futuros.

   Uma boa sugestão é economizar pelo menos três meses para gastos correntes. Se você precisa de cerca de US$4 mil por mês para despesas básicas, procure ter um total de US$12 mil em seu fundo de emergência.

   Desse modo, mesmo que você perca seu emprego, terá dinheiro para se manter nos próximos três meses.

3. **Faça um seguro.**

   Bons investidores devem sempre se preparar para o pior cenário. Muitos investidores de sucesso acreditam no ditado: "O seguro morreu de velho."

   Devemos aplicar esse sábio conselho ao cuidar de nossas finanças. Um consultor financeiro de confiança pode ajudá-lo a encontrar a apólice de seguro mais apropriada. Qualquer pessoa — mesmo aquelas financeiramente bem — pode ter suas economias eliminadas da noite

Um Plano de Jogo para um Portfólio Multimilionário

para o dia devido a um acidente muito ruim ou problemas de saúde. É imperativo ter um seguro abrangente para um caso de necessidade. No mínimo, deve-se obter uma apólice que cubra acidentes, doenças crônicas e hospitalização. Agende uma consulta com um corretor confiável para reavaliar sua cobertura atual.

4. Pague suas dívidas.

Além de criar seu fundo de emergência e obter uma cobertura de seguro, você deve liquidar quaisquer dívidas que tenha, como as adquiridas pelo uso do cartão de crédito ou cheque especial. Como todos sabemos, as taxas de juros do cartão de crédito e do cheque especial são extremamente elevadas. Pague essas dívidas e fique livre! Se você possui empréstimos de longo prazo, verifique se as taxas de juros desses empréstimos são as mais baixas possíveis.

5. Aplique e reaplique.

Quanto você pode economizar se investir US$100 por mês? Isso depende dos retornos que você pode obter de seu investimento.

A tabela a seguir mostra vários cenários diferentes para investir US$100 por mês com diferentes taxas de retorno.

Em 30 anos, você teria aplicado um total de US$36 mil. Mesmo com retorno de 5%, você teria acumulado US$83.712,95. Isso é mais que o dobro da quantia que você reservou.

Se você aplicar as técnicas de investimento em valor com sabedoria e obter um retorno de 15%, acumulará US$599.948,30. Com 30%, seu investimento aumentou para US$13 milhões!

Muitas pessoas se perguntam como Warren Buffett ganhou bilhões. A resposta é ser paciente e reaplicar!

7 Segredos para Investir como Warren Buffett

Ganhos acumulados com investimento mensal de US$100, composto por várias taxas anuais de retorno		
Anos	5%	10%	15%
1	US$1.260,00	US$1.320,00	US$1.380,00
2	US$2.583,00	US$2.772,00	US$2.967,00
3	US$3.972,15	US$4.369,20	US$4.792,05
4	US$5.430,76	US$6.126,12	US$6.890,86
5	US$6.962,30	US$8.058,73	US$9.304,49
10	US$15.848,14	US$21.037,40	US$28.019,13
15	US$27.188,99	US$41.939,68	US$65.660,97
20	US$41.663,10	US$75.603,00	US$141.372,14
25	US$60.136,14	US$129.818,12	US$293.654,36
30	US$83.712,95	US$217.132,11	US$599.948,30
	20%	25%	30%
1	US$1.440,00	US$1.500,00	US$1.560,00
2	US$3.168,00	US$3.375,00	US$3.588,00
3	US$5.241,60	US$5.718,75	US$6.224,40
4	US$7.729,92	US$8.648,44	US$9.651,72
5	US$10.715,90	US$12.310,55	US$14.107,24
10	US$37.380,50	US$49.879,35	US$66.486,42
15	US$103.730,56	US$164.530,26	US$260.966,64
20	US$268.830,72	US$514.417,04	US$983.058,12
25	US$679.652,76	US$1.582.186,78	US$3.664.133,21
30	US$1.701.909,46	US$4.840.761,40	US$13.618.777,35

Se você quer investir mais de US$100 por mês, você pode esperar que seu investimento tenha um aumento significativo.

Um Plano de Jogo para um Portfólio Multimilionário

Aqui está uma tabela para um investimento de US$200 dólares por mês:

Ganhos acumulados com investimento mensal de US$200, composto por várias taxas anuais de retorno			
Anos	5%	10%	15%
5	US$13.924,59	US$16.117,46	US$18.608,97
10	US$31.696,29	US$42.074,80	US$56.038,26
15	US$54.377,98	US$83.879,35	US$131.321,93
20	US$83.326,20	US$151.206,00	US$282.744,29
25	US$120.272,29	US$259.636,24	US$587.308,73
30	US$167.425,90	US$434.264,22	US$1.199.896,60
	20%	25%	30%
5	US$21.431,81	US$24.621,09	US$28.214,47
10	US$74.761,00	US$99.758,71	US$132.972,83
15	US$207.61,11	US$329.060,51	US$521.933,29
20	US$537.661,44	US$1.028.834,09	US$1.966.116,23
25	US$1.359.305,52	US$3.164.373,55	US$7.328.266,42
30	US$3.403.818,92	US$9.681.522,80	US$27.237.554,69

7 Segredos para Investir como Warren Buffett

E se você pudesse investir US$500 por mês?

Olhando para a tabela a seguir, podemos ver as possibilidades! A uma taxa anual de 20%, em 30 anos, um investimento inicial de US$100 valerá US$8,5 milhões!

Ganhos acumulados com investimento mensal de US$500 composto por várias taxas anuais de retorno			
Anos	10%	15%	20%
5	US$40.293,66	US$46.522,43	US$53.579,52
10	US$105.187,00	US$140.095,66	US$186.902,51
15	US$209.698,38	US$328.304,83	US$518.652,78
20	US$378.015,00	US$706.860,72	US$1.344.153,60
25	US$649.090,59	US1.468.271,82	US3.398.263,80
30	US$1.085.660,55	US$2.999.741,51	US$8.509.547,30
	25%	30%	
5	US$61.552,73	US$70.536,18	
10	US$249.396,77	US$332.432,08	
15	US$822.651,28	US$1.304.833,22	
20	US$2.572.085,21	US$4.915.290,58	
25	US$7.910.933,88	US$18.320.666,04	
30	US$24.203.807,01	US$68.093.886,73	

Sua riqueza não aumentará a menos que você dê o primeiro passo e comece a economizar a cada mês. Então fique atento e veja o que você pode fazer acontecer.

Estamos muito felizes por você ter dado esse primeiro passo de sua viagem junto com a gente!

Epílogo

Parabéns, você completou o livro inteiro! Esperamos, sinceramente, que ele tenha lhe trazido informações sobre como investir como um Buffett.

Recomendamos que você visite o site de Mary Buffett em www.marybuffett.com, que possui excelentes blogs e artigos [conteúdo em inglês].

Se você realmente deseja aprender mais sobre investimentos, a Buffett Online School oferece uma variedade de cursos que ensinam a você um método passo a passo comprovado para planejar sua jornada para a liberdade financeira [webinários e cursos online; conteúdo em inglês]. Visite www.buffettonlineschool.com [conteúdo em inglês] para mais informações.

Boa sorte. Desejamos que você prospere em sua jornada de investimento.

Índice

Símbolos

7 Segredos para Investir como Warren Buffett, 5

A

Ações, 45
  consistentes, 10
  individuais, 63
  sustentáveis, 10
Alavancagem, 21
Allergan PLC, 76
Alliance Data Systems Corp., 77
Ally Financial Inc., 74
Alphabet Inc., 77
Altria Group Inc., 75
Amazon, 65, 92
American Express, 39, 69, 184
aplicações, 2
Apólice de seguros, 28
  para acidente, 28
  para invalidez, 28
Apple, 23, 74
Aprimoramento Contínuo, 33
Atividades
  de investimentos, 137
  operacionais, 135, 137
Ativos, 105, 136
  circulantes, 106
  não circulantes, 106
Aumento líquido, 133
Avaliação de risco, 116

B

Balanço patrimonial, 102, 124, 150
Bank of America, 74, 164
Bank of New York Mellon Corp., 76
Barreiras legais, 93, 96
Benjamin Graham, 35, 41, 149, 185
Bens
  de consumo, 54
  industriais, 56
Berkshire Hathaway, 49, 78, 114, 181
Bill Gates, 65
Book, 163
  book value, 163
Branding, 87
Break even point, 167
  ponto de equilíbrio, 167
Brookfield Asset Management Inc., 78
Buffet Partnership Limited, 182
Buffettology, 2
Buffett Online School, 62, 199
Burger King, 88

C

Caixa, 108
  líquido, 133
Capital, 111
  capital inicial, 2
  próprio, 107
CarMax Inc., 78

Índice

Cartão de crédito, 24, 107, 132, 195
   armadilha do, 22
   juros, 21
Charles Munger, 17, 36, 192
Charles Royce, 42
Charles Schwab Corp., 77
Cheniere Energy Inc., 76
Chieftain Capital, 77
CIMB Securities, 4
Círculo de competência, 49, 87, 170
Cisco, 67
Coca-Cola, 32, 69, 155
Columbia Business School, 41, 148
Comportamentos, 35
   autodestrutivos, 35
   negativos, 35
Conhecer seus limites, 49
Contabilidade, 102
Contas
   a pagar, 110, 136
   a receber, 109, 136
Cultura de trabalho, 67
Custo, 11
   da produção, 91
   de vendas, 124

D

David Clark, 2
David Dodd, 41, 148
Demonstração
   de fluxo de caixa, 102, 131
   de resultados, 102, 119
   do fluxo de caixa, 138
   financeira, 102, 109
Depreciação, 110, 122, 136
Despesa, 122
Despesas
   excessivas, 24
   não monetárias, 136

Diageo PLC, 78
Distressed debt, 74
Distribuição de dividendos, 133
Diversificar o portfólio, 179
Dívidas, 21
   de longo prazo, 111
Dividendo esperado por ação, 173
Dividend Yield. *Consulte*
   também índice de rendimento
   de dividendos

E

Economia de escala, 91, 96
Educação financeira, 2, 4
Empresa geradora de caixa, 139
Empréstimo, 26, 107, 138
   a curto prazo, 110
Entry point, 157, 162
Equipamentos, 109
Especulação, 41

F

Facebook, 25, 65, 164
Família Walton, 65
Fidelity Investments, 190
Filosofia de investimento, 5
   de Warren Buffett, 5
Filtros de investimento, 47
Financeiro, 55
Flutuação, 129
Fluxo de caixa, 133
   livre, 141
   operacional líquido, 138
Forbes, 26, 65
Força Poupadora, 13
Fórmula Mágica, 75
Fortune, 67
Fosso econômico, 81, 96, 141
Fundo de emergência, 194

Índice

G

GAMCO Investors, 76
GEICO, 165
General Reinsurance, 165
George Soros, 191
Gerenciamento de dinheiro, 22
Gestão
   de portfólio, 179, 181
   de risco, 25, 181
      Fundo De Emergência, 25
      Seguro Abrangente, 27
         Despesas médicas, 28
         Perda da renda, 28
Glassdoor, 67
Glenn Greenberg, 42, 77
Goldman Sachs, 165
Google, 47, 73, 141, 176
   Maps, 101
   Translate, 101
Gotham Asset Management, 75
GuruFocus, 63

H

Habilidades
   de gerenciamento, 127
   técnicas, 33
Hábitos, 5, 32, 35
   ações consistentes, 5
   alimentares, 32
   positivos, 14
   saudáveis, 32
Hollywood, 18
Honeywell International Inc., 75
Howard Marks, 74

I

IKEA, 87
Inadimplência, 74

Indicador de desempenho
   externo, 34
   interno, 33
Índice
   de dívida, 116
   de expectativa de crescimento, 175
Indústria farmacêutica, 93
Inflação, 25
Intuit, 67
Investidor
   de curto prazo, 73
   em valor, 73, 129, 147
   institucional, 76
   sofisticado, 24
Investimento
   de longo prazo, 137
   em valor, 40, 41, 62, 192
   ideias de investimento, 4
   inteligente, 49
   investimento em valor, 5
   Net-Net, 150
iPhone, 88, 106
   4, 23
Isaac Newton, 189

J

Japão, 101
Jason Zweig, 189
Jeff Bezos, 65
Joel Greenblatt, 75
John Shapiro, 42, 77
Johnson & Johnson, 87, 93
JPMorgan Chase &Co., 77

K

KFC, 88, 126
Kodak, 88
Kraft Foods, 39, 69

Índice

L

Larry Ellison, 65
Larry Page, 65
Líder de mercado, 46, 94
Linguagem dos negócios, 102, 114
Liquidação de empréstimo
    bancário, 133
Liquidez, 27
Lucro, 124
    acumulado, 111
    bruto, 122, 125
    líquido, 122, 123
    lucro real, 2
    lucros sistemáticos, 5
    por ação, 171
        LPA, 172
    real, 122

M

Magellan Fund, 190
Main Street, 69
Marcos crescentes, 14
Margem de segurança, 149, 158, 172
Mario Gabelli, 41, 76
Markel Gayner Asset Management, 78
MarketWatch, 62
    bolsa de valores virtual, 62
Mark Zuckerberg, 65, 115
Mary Buffett, 2
McDonald's, 88, 126
Mentalidade especulativa de curto
    prazo, 3
Mercado de ações, 3, 40, 101
Métodos de avaliação, 149, 157
    fórmula de crescimento, 175
    índice de rendimento de
        dividendos, 173
    índice preço/lucro, 167
    Net-Net, 149, 155
    price-to-book value, 157, 162

Microsoft, 65
    Office, 95
Mindset dos investidores de
    sucesso, 191
    consistência, 192
    foco, 192
    paciência, 191
    pensamento independente, 191
Minimizar riscos, 24
Morningstar, 76

N

NASDAQ, 93, 191
Negócio
    cíclico, 127
    lucrativo, 46
    negociação de curto prazo, 2
Nike, 88
NYSE, 93

O

Oaktree Capital Management, 74
Oracle, 65

P

Paixão, 18
    áreas de paixão, 19
    teste da paixão, 18
    viva com paixão, 19
Pampers, 88
Paracetamol, 93
    Feverall, 93
    Panadol, 93
    Tylenol, 93
Passivos, 105
    circulantes, 107
    não circulantes, 107
    obrigações, 110
Patentes, 93

Índice

Patrimônio líquido, 105, 107, 111, 127, 157
PayPal Holdings Inc., 75
Pepsi, 87
Pete Kiewit, 34
Peter Lynch, 190
Phillip Capital, 4
Planejamento
   financeiro, 9
   tributário, 123
Poder de barganha, 92
Portfólio, 48, 73, 98, 139
   de investimento, 39
   de investimentos, 63
   multimilionário, 193
Potencial de crescimento, 46
Poupar, 13
   hábito de poupar, 13
Preço da ação
   price, 163
Progressividade, 14
Proteção legal, 93
Prudential Financial Inc., 164
Psicologia das multidões, 192

Q

Qorvo Inc., 76

R

Raymond James Financial Inc., 77
Reconhecimento, 34
Recursos financeiros, 27
Regime de competência, 132, 135
Regras de gerenciamento de portfólio, 182
   ações mais fortes, peso maior, 183
   alocação de fundos, 182
   não venda apenas com base no preço, 183

nunca mais de 10% em uma ação, 182
   revise seu portfólio, 183
Relações com investidores, 103
Relatório anual, 103
Retorno
   dos investimentos, 24
   financeiro, 16
   sobre o patrimônio líquido, 128
   sobre os investimentos, 148
Return On Equity. *Consulte também* retorno sobre o patrimônio líquido
   ROE, 128, 143
Riqueza líquida da empresa. *Consulte também* Patrimônio líquido
Robert Goldstein, 75
Rose Blumkin, 16
Ryman Hospitality Properties Inc., 77

S

Salesforce, 67
Samsung, 89
Saúde, 31, 55
   financeira, 106
Scorecard interno, 33
Security Analysis, 41
Seeking Alpha, 62
Seguro, 28, 194
Seth Klarman, 76
Sistema de Envelopes, 22
Sites financeiros, 61
Sony Corp, 76
South Sea Company, 189
Starbucks, 13
Star Bulk Carriers Corp., 74
Stock valuation, 148
Susan Thompson Buffet, 17

Índice

T

Taiwan Semiconductor, 74
Taxas livres de risco, 174
TCW Group, Inc., 74
The Madison Square Garden Co., 76
The Motley Fool, 63
The New Buffettology, 2
The Wall Street Journal, 63
Thomas S. Gayner, 78
Thompson Medical Center, 27
Tokyo Tower, 101
Tomar Emprestado, 24
Tóquio, 101
Torchmark, 165
Torm PLC, 74
Tueedy, Browne Company LLC, 42
Twenty-First Century Fox Inc., 77

U

Undervalue deal, 153
    acordo subestimado, 153
Universidade de Columbia, 75
UOB Bank, 4
Utilidade Pública, 54

V

Valor
    contábil, 157
    de liquidação, 149
    do ativo circulante líquido, 150
        NCAV, 150, 157
    intrínseco, 171
    líquido de seus ativos, 157
        NAV, 157
Valores mobiliários, 74
Valuation
    avaliação de empresas, 147
Value investiment. *Consulte*
    também Investimento em valor
Vantagem competitiva, 84, 96
    durável, 85, 88
Verizon Communications Inc., 75
Viasat Inc., 76
Visa, 171
Vistra Energy Corp., 74

W

Wall Street, 69, 189
Wall Street Journal, 189
Walmart, 65, 98
Walt Disney Co., 78
Walter Schloss, 42
Warren Buffett, 2, 65, 84, 184
Wells Fargo, 69, 74, 165
What Has Worked in Investing, 42

Y

Yahoo! Finance, 61

CONHEÇA OUTROS LIVROS DA ALTA BOOKS

Todas as imagens são meramente ilustrativas.

CATEGORIAS
Negócios - Nacionais - Comunicação - Guias de Viagem - Interesse Geral - Informática - Idiomas

SEJA AUTOR DA ALTA BOOKS!

Envie a sua proposta para: autoria@altabooks.com.br

Visite também nosso site e nossas redes sociais para conhecer lançamentos e futuras publicações!

www.altabooks.com.br

ALTA BOOKS
E D I T O R A

/altabooks • /altabooks • /alta_books

ROTAPLAN
GRÁFICA E EDITORA LTDA

Rua Álvaro Seixas, 165
Engenho Novo - Rio de Janeiro
Tels.: (21) 2201-2089 / 8898
E-mail: rotaplanrio@gmail.com